汽车软件测试基础

[德]拉尔夫·邦加德（Ralf Bongard）
[德]克劳迪亚·杜萨·齐格（Klaudia Dussa-Zieger）
[德]拉尔夫·赖辛（Ralf Reißing） 著
[德]亚历山大·舒尔茨（Alexander Schulz）

[德]周震漪
张盟 译

清华大学出版社
北京

内 容 简 介

本书基于国际软件测试认证委员会（International Software Testing Qualifications Board，ISTQB®）汽车软件测试基础的课程大纲编写。书中阐述了汽车软件测试所需的测试基础知识，并探讨了软件测试人员如何参与汽车行业产品开发过程的活动，同时分析了与汽车行业相关的标准和规范（如 ASPICE、ISO 26262 和 AUTOSAR）的背景、结构及其挑战，对测试人员所关注的测试目的、测试级别、测试技术和方法也进行了比较。此外，本书还介绍了汽车行业的不同虚拟测试环境，并比较了这些环境在汽车产品开发中的应用。本书还介绍了汽车行业中特殊的测试方法和技术。为便于读者理解，作者以城市轻型车 ULV 项目为例，贯穿全书，指导读者将理论应用于实际项目工作中。书中涉及的内容广泛，部分很有价值，超出本书主要章节的内容在附录中也进行了详细阐述。

本书可以作为汽车软件测试和开发人员、汽车软件质量管理人员的参考书籍，也可以作为准备参加 ISTQB® 汽车软件测试认证（专业汽车软件测试）的读者的学习资料，还可以作为高等院校汽车、计算机及软件和系统工程相关专业的教材。

北京市版权局著作权合同登记号　图字：01-2024-5554

Copyright©2020 by dpunkt.verlag GmbH, Heidelberg, Germany.
Title of the German original:
Basiswissen Automotive Softwaretest by Ralf Bongard et al.
ISBN 978-3-86490-580-3.
Translation Copyright ©2025 by Tsinghua University Press Limited. All rights reserved.

图书在版编目（CIP）数据

汽车软件测试基础 /（德）拉尔夫·邦加德等著；（德）周震漪，张盟译 . -- 北京：清华大学出版社，2025.6（2025.9重印）. -- ISBN 978-7-302-69512-7

Ⅰ. U463.6
中国国家版本馆 CIP 数据核字第 2025LV8103 号

责任编辑：安　妮　薛　阳
封面设计：刘　键
版式设计：方加青
责任校对：王勤勤
责任印制：沈　露

出版发行：清华大学出版社
　　　网　　址：https://www.tup.com.cn，https://www.wqxuetang.com
　　　地　　址：北京清华大学学研大厦 A 座　　　　邮　　编：100084
　　　社 总 机：010-83470000　　　　　　　　　邮　　购：010-62786544
　　　投稿与读者服务：010-62776969，c-service@tup.tsinghua.edu.cn
　　　质 量 反 馈：010-62772015，zhiliang@tup.tsinghua.edu.cn
印 装 者：三河市天利华印刷装订有限公司
经　　销：全国新华书店
开　　本：185mm×260mm　　　印　　张：11.5　　　字　　数：254 千字
版　　次：2025 年 7 月第 1 版　　　印　　次：2025 年 9 月第 2 次印刷
印　　数：1501～2300
定　　价：59.00 元

产品编号：109563-01

译者介绍

周震漪，男，国际软件测试资质认证委员会中国分会（ISTQB®/CSTQB®）、国际 TMMi® 基金会中国分会、国际需求工程委员会（IREB®）中国分会核心发起人和副理事长，ISTQB® 专家级证书获得者，TMMi 主任评估师，中国计算机学会（CCF）高级会员和软件工程委员会委员，高校兼职专业教授，《中国金融业软件测试框架》研究报告的编委会副主任。2019 年荣获中国人民银行颁发的银行科技发展二等奖，参加了中华人民共和国国家标准《系统与软件工程 软件测试》（GB/T 38634—2020）第 1 部分和第 4 部分的起草工作及多项系统与软件工程的其他标准，参与制定了中国《CSAE 新能源汽车车载控制器软件功能测试规范》。并出版《软件测试基础教程》《高级软件测试管理》《性能测试》等书籍，也翻译了多部专业书籍。

张盟，男，慕尼黑工业大学硕士，克劳斯塔尔工业大学博士。国际软件架构认证委员会（iSAQB®）委员及高校工作组成员、认证讲师，现就职于克劳斯塔尔工业大学软件与系统工程研究所，主要从事自主智能无人信息物理系统可靠性方面的研发和咨询工作。出版专著 1 部，译著 1 部，并曾在各大国际会议期刊发表论文 20 余篇。

推荐语

（排名不分先后）

"软件测试的核心在于早期发现问题，避免后期的巨大代价。"这句真理适用于各个领域，在汽车软件测试中尤为重要。随着汽车行业技术的进步，汽车中的电子控制单元（Electronic Control Unit，ECU）和软件系统的复杂性日益增加，在开发初期捕捉并解决潜在问题不仅可以节省成本，还能保障品牌声誉。

然而，汽车软件测试仍面临诸多挑战，测试覆盖率的不确定性和复杂性使得一些测试策略只能依赖开发团队的经验或采取暴力破解的穷举法。这两种方法虽然各有优劣，但显然都不是最优解。针对这些挑战，培养"认证测试工程师"成为一个合理的解决途径。通过系统的培训和认证，测试人员能够掌握必要的专业知识，更加高效地应对测试中的复杂问题。

随着自动驾驶、网联汽车及人工智能在汽车中的应用，测试需求将迎来新的挑战。传统的测试方法可能不足以应对基于神经网络的动态学习系统，这要求我们在现有基础上继续创新，开发适用于汽车行业的全新测试方法和过程。

国际软件测试认证委员会（ISTQB®）的课程体系为测试人员提供了全面的知识架构，助力他们应对汽车软件测试中的复杂问题。本书正是这一领域的重要参考文献，为测试人员提供了宝贵的理论和实践指导。

——刘琴，同济大学软件学院教授，CSTQB® 联合创始人，ISO 29119-11 AI 系统测试联合负责人，国际软件测试认证委员会（ISTQB®）大中华区首席代表，TMMiCN 主席，英国高等教育协会会员

汽车作为复杂系统工程制品的代表，其软件的复杂性和规模不断提升，对测试人员的专业能力和技术水平提出了更高的挑战。汽车软件测试的规范性和实践水平安全攸关，更全面的软件测试基础知识及对软件测试的新趋势和新挑战的应对能力是从业者和企业共同的核心竞争力。周震漪先生和张盟老师基于对汽车软件测试的深入理解，将各位德国汽车软件测试专家书中关于 ISTQB® 基础级专业领域——汽车软件测试工程师（CTFL-AuT）认证考试的内容、案例和实践经验译为中文，深入浅出地进行解读，非常适合希望在汽车软件测试领域提升专业技能的读者阅读和学习。

——刘璘，清华大学软件学院研究员，清华大学 - 中国人寿财险工业安全大数据研究中心主任，CREB 理事

随着"软件定义汽车"逐渐成为汽车产业的主要发展趋势，软件为汽车提供越来越多的功能和价值，汽车中软件的规模也在不断增加，由此预计汽车系统中的错误也会显著增

多，然而业内鲜有专门针对汽车软件测试的书籍和指导，本书的作者和译者均为具有丰富软件测试经验的专家，书中不仅深化了国际上 ISTQB® 体系中汽车软件测试的课程大纲，还兼顾了相关的 ISO 26262 及 ASPICE 的要求，具有很强的实用性。本书专业性强，但通俗易懂，推荐对汽车软件测试、汽车软件过程改进及汽车功能安全感兴趣的读者阅读。

——赵国祥，工业和信息化部电子第五研究所副总工程师，TMMiCN 理事，CSTQB® 理事

汽车行业正在越来越广泛地采用电子和软件，除了驾乘人员直接感受到的娱乐软件系统，电子和软件也正在越来越深地介入汽车控制。对此，确保汽车软件的质量，特别是功能安全是重中之重。本书在 ISTQB® 测试框架下，结合汽车领域的特点，采用直观的示例项目，系统性讲解汽车软件测试方法和技术，以及汽车领域相关国际标准，是汽车软件测试工程师认证非常好的参考教材，也非常适合对汽车软件测试领域感兴趣的读者阅读。

——沈建雄，前上海市软件评测中心技术负责人，CSTQB® 理事

近年来，国内汽车产业快速增长和创新大部分基于信息技术和软件，汽车软件价值日益凸显，汽车软件测试成为验证和确认汽车可靠性、合理性和安全性的关键环节。本书针对汽车领域从事测试相关的工作人员编译而成，基于汽车软件测试工程师（CTFL-AuT）认证考试基础，结合应用实例介绍汽车软件测试人员通常需应用的标准和规范、不同虚拟测试环境建立、特殊测试方法和测试技术等内容。译者创立 CSTQB®，长期从事软件测试研究、实践和创新工作，具有深厚的学术造诣和丰富的实践经验，其把先进的软件测试技术实践和经验融入书中，读者能够快速了解并掌握汽车软件测试系统知识和方法。

—— 李华北，广州赛宝认证中心服务有限公司技术总监 / 正高级工程师，行业和领域软件成本度量和价值评估专家，TMMiCN 理事，CSTQB® 理事

我非常荣幸地向您推荐这本关于汽车行业软件测试的杰出教材。这本书由汽车行业测试专家撰写，旨在为从事汽车行业软件开发和测试的工程师提供极大的帮助。

本书的译者是中国软件测试领域的专家，他们对书中的内容进行了准确而易懂的翻译。无论您是汽车行业软件测试工程师，还是广大的软件工程师，这本书都会给您带来极大的助益。

通过阅读本书，您将学习如何应对汽车行业软件测试中的挑战，从而提高测试效率和质量。除了技术方面的知识，这本书还涵盖了汽车行业软件测试的最佳实践和行业标准。这些技能将帮助您成为一个出色的软件测试专家。无论您是刚入行还是经验丰富的专家，我相信这本书都会给您带来新的见解和提升。我强烈推荐您阅读这本书，探索汽车行业软件测试的精髓。

——夏勇，汇丰集团董事总经理，汇丰财富管理及个人银行全球首席架构师，华南理

工大学客座教授，复旦大学原客座教授和上海交通大学企业博士生导师，CREB 理事

　　随着"软件定义世界"时代的到来，软件在汽车中的比例日益增加。汽车业的测试人员学习 ISTQB® 和 TMMi®，让汽车企业的软件测试水平得到有效提升。如何让这些国际权威的测试知识体系与汽车业的权威知识体系更好地协同是很多汽车公司当下关注的问题。本书是目前最全面介绍汽车软件测试基础的书籍，不仅涵盖测试基础知识，还包含 ASPICE、ISO 26262、AUTOSAR 等汽车行业的重要知识。4 位作者都是德国测试委员会汽车软件测试工程师工作组的专家，两位译者更是汽车软件测试领域的权威专家。强烈推荐您学习这本书，它将帮助您和您的组织真正提升汽车软件测试能力，更好地保障汽车软件的质量。

　　　　——任亮，上海均瑜管理咨询有限公司咨询部首席咨询师，TMMi 基金会中国分会秘书长，CSTQB® 高校计划专家组组长

　　汽车软件在中国发展十分迅速，汽车软件测试的知识体系、技术框架并未完全跟上，然而汽车软件测试业务所面临的业务活动并未因此减少，这让测试人员面临诸多挑战与困惑，测试完成后，软件问题在市场上依旧存在，测试无法完全消灭软件问题似乎已经成为共识，那么对于汽车这个产品，测试完成的软件对于市场意味着什么？在缺少系统化知识的情况下，完成测试的软件质量缺少对市场的可解释性，我们只是发现了问题，对软件无法做出评价，而对于 AUOTSAR 架构的软件其代码级测试在缺少指导性技术框架时，又变得较为困难和难以下手。为此，本书专门对测试整个过程进行阐述，所用的技术和方法其作用、目的都有专门讲解，对于行业所专有的技术也进行了讲解与指导，因此，希望有幸阅读本书的读者，可以利用本书的内容解决对应的问题与困惑，并形成体系化的知识结构。

　　　　——黄颖华，北京汽车研究总院测试部部长，软件测试领域专家，TMMiCN 理事

　　本书从软件测试的基础知识出发，结合汽车行业的特殊需求，全面探讨了软件测试在汽车系统中的应用。译者具备丰富的软件测试经验和专业知识，他们的翻译为中文读者提供了更便捷的学习资源，使本书能够更好地传达德国测试委员会汽车软件测试工程师工作组专家们的专业知识。通过对本书的学习，读者能够全面了解汽车测试的基本原理、方法和技巧，有助于将所学内容应用到日常的项目工作中，在开发过程中发现和拦截软件错误，从而提高汽车系统的安全性和可靠性。本书不仅适用于汽车制造商和供应商的测试人员，也适用于软件测试从业人员和对汽车测试感兴趣的读者。无论是作为一本教材还是作为一本参考书，本书都将为读者提供宝贵的实践指导。

　　　　——苏雯，蔚来汽车软件质量部软件质量总监，资深专家，ASPICE 首席评估师

本书是一本深入浅出的专业指南，它全面覆盖了汽车软件测试的关键领域，从理论到实践，为读者提供了宝贵的洞见。本书不仅详细介绍了汽车软件测试的基本概念和技术，还涵盖了最新的行业标准与规范要求，为从事汽车软件开发与测试的专业人士提供了实用的工具和方法论。无论是初学者还是经验丰富的工程师，都能从中获得宝贵的知识，助力在快速发展的汽车行业保持竞争力。

——张晓亮，Stellantis 中国软件中心技术架构和测试负责人

在汽车软件测试中，ISTQB® 的知识可以帮助您理解测试的基本原理和方法，ASPICE 提供了评估和改进软件开发过程的框架，而 ISO 26262 强调了在汽车行业中必须考虑的功能安全。本书对以上三者的基础知识的融合应用进行了全面论述，可以为汽车软件测试人员进行专业指导并对基础理论进行提升，是一本值得推荐的书籍。

——肖伟，长城汽车股份有限公司 EE 整车测试部主任工程师

本书根据 ISTQB® 基础级课程大纲，结合汽车行业特性，系统地介绍了软件测试知识，将复杂的测试理论通过实例讲解得通俗易懂。

本书的 4 位作者均为德国测试协会（German Testing Board，GTB）汽车软件测试工程师工作组的成员，且参与了 ISTQB® 专业领域——汽车软件测试课程大纲 V2.0 的制定，拥有深厚的行业经验和专业知识。翻译团队也在软件测试领域有着多年的深耕和丰富的学术积累，共同保障了本书的专业质量。

本书非常适合备考 ISTQB® 基础级汽车软件测试工程师（CTFL-AuT）认证的读者及所有致力于提高汽车软件质量的专业人士阅读。

——张笑冬，联合汽车电子有限公司研发体系总监

这是一本非常专业的书籍，在当前人工智能盛行的时代，行业基础知识的积累显得尤为重要。本书基于作者多年汽车领域相关的测试经验的积累，系统地归类和描述了汽车领域各个模块的测试类型、方法、流程及工具，充分体现了这本书的价值。可以带给汽车行业内相关的测试人员很大帮助，使得他们可以基于可参考基础去深入扩展研究和应用。因此，值得推荐！

——柴俊杰，大陆集团前瞻研发部创新解决方案总监，ISTQB® 测试管理高级专家，大陆集团专家培训师

在快速发展的汽车行业中，软件的质量和可靠性对于车辆的性能至关重要。本书全面系统地介绍了汽车软件测试的基本概念、标准和方法，通过生动且丰富的实战案例，帮助读者深入理解汽车软件测试的实际应用。书中不仅涵盖了标准的测试技术，还详细介绍了测试原则、策略、方法论和最佳实践，这些都是确保软件质量的关键要素。

我强烈推荐这本书给所有希望在汽车软件测试领域提升自己的专业人士。无论是新手还是有经验的测试工程师，都能从中获得宝贵的知识和启发。相信通过阅读本书，您将能够更有效地进行汽车软件测试，提高产品质量，保障驾驶安全。

——闫堃，克诺尔车辆设备（苏州）有限公司系统工程部系统测试及调试总监

本书以清晰易懂的语言，系统全面地阐述了汽车软件测试的基础知识。从汽车软件的特点和架构入手，逐步深入汽车软件的标准、规范、测试方法、策略与流程，以及虚拟测试环境的搭建。它不仅涵盖了传统的软件测试技术在汽车领域的应用，还紧密结合汽车行业的特殊性，讲解了针对性的测试方法和工具，书中提供了丰富的案例和实用的技巧，能够轻松应对各种测试场景。通过阅读本书，您将了解到汽车软件测试的最新趋势和标准，掌握如何有效地规划和执行测试项目，以及如何准确地评估测试结果。无论是初涉汽车软件测试的新手，还是希望提升专业技能的资深从业者，都能从这本书中汲取到宝贵的知识和经验。

——刘全周，中国汽车技术研究中心工程院智驾技术开发部部长

本书是汽车软件测试领域不可多得的权威指南，专为从事汽车软件测试规划、准备、执行及评估的专业人士量身打造。不仅广泛覆盖了汽车软件测试的核心主题，还深入探讨了 ASPICE、ISO 26262 及 AUTOSAR 等关键标准和规范，并详细介绍了 MiL、SiL、HiL 等虚拟测试环境，为测试人员提供了丰富的背景知识和深入解析。通过实例项目贯穿全书，读者能轻松将理论知识应用于实践。此外，本书还是备考 ISTQB® 认证测试工程师的理想资料，助力读者系统掌握汽车软件测试精髓，提升专业技能。

——王剑飞，中汽数据（天津）有限公司智能业务部虚拟仿真测试技术负责人

智能网联的引入使软件定义汽车成为趋势，汽车的核心变革从硬件转向软件，进入快速迭代及联合开发大型域控的新时代，由此催生了新技术、新平台、新思维、新业务，还有新的软件质量挑战。本书通过系统化的阐述及实例分析，深入解析了汽车软件应具备的测试过程、测试标准和规范，为降低快速迭代带来潜在风险提供了解决方案。此外，本书还详细介绍了虚拟测试环境，以及适用于不同应用场景的软件测试方法及技术，对联合开发模式下的验证过程补充了值得借鉴的实用性建议。本书由浅入深地概述了汽车软件测试的全链路体系知识，适合需要了解、掌握和应用汽车软件测试的工程人员阅读。

——顾嫣，泛亚汽车技术中心有限公司智能系统软件中心零件软件验证技术经理

汽车软件测试作为测试的具体行业分支，遵循 ISTQB® 软件测试相关基础理论和方法。然而，汽车软件测试又具有其独特的特点。本书在软件测试的基础理论上，引入了对汽车行业重要的标准和规范，如过程评估模型 ASPICE、功能安全 ISO 26262 标准、软件

开发标准 AUTOSAR，并解释了这些标准对测试人员的相关要求。同时，提供了更多标准的背景信息，使读者更好地参与相关标准和规范对测试需求的讨论。本书还介绍了汽车行业使用的不同虚拟测试环境，如 MiL、SiL 和 HiL 在产品开发中的应用领域的比较。最后，介绍了汽车行业中使用的特殊测试方法和测试技术，并通过实例说明了它们的具体应用。总而言之，本书适合具有一定测试基础、想在汽车行业进行深入发展的汽车电子从业人员，强烈推荐。

——包书勇，天马微电子股份有限公司汽车电子事业部系统验证主管

本书是一本专为汽车软件测试工程师量身定制的专业指南，紧密结合 ISTQB® 汽车软件测试工程师（CTFL-AuT）模块的大纲，全面覆盖了汽车软件测试的核心知识领域。

无论是正在为 ISTQB® 汽车测试模块认证做准备的新手，还是对想要在汽车测试领域继续深化专业知识的资深工程师，均能够从本书中获得宝贵的指导和启发。

——贺炘，领测国际科技（北京）有限公司总经理，ISTQB® 中国区资深专家，ISTQB® 专家级证书获得者，TMMi® 咨询师

当代汽车是机械、电子及软件集成的实体，随着人工智能、大语言模型和无人驾驶技术在汽车中的广泛应用，对汽车软件的测试成为保障汽车软件质量，提高驾驶安全的有效途径。本书由 4 位来自全球著名汽车制造商和供应商的软件测试专家编写，两位具有丰富汽车测试实践与培训的专家翻译，按照 ISTQB® 基础级汽车测试工程师考试大纲整理，可以作为基础级汽车测试工程师认证教程。本书的出版将积极推动我国汽车软件测试领域的发展，提升我国汽车行业的软件质量，促进汽车软件测试专业人才的进步。

——崔启亮，对外经济贸易大学教授，北京昱达环球科技有限公司总经理，CSTQB® 资深专家

推荐序一

"我们应该趁重大问题还在萌芽时就采取行动。"尽管这句话是波兰记者雅德维加·鲁特科夫斯卡在不同的背景下提出的，但这句话也道出了测试的一个基本原则。在早期的开发阶段找到电子产品和软件中的错误可以节省时间和成本。如果在量产汽车中才发现错误，则会惹恼客户并损害品牌形象。

汽车制造商和供应商多年前就认识到了这一点，并在测试网联的电子控制单元（Electronic Control Unit，ECU）的过程方法和系统方面进行了大量投入。与此同时，高校也已开始对汽车软件的理论基础和测试方法的研究。借鉴于计算机工程，如电信等其他行业中已经建立的测试过程也为此提供了广泛的基础。如今，机电一体化汽车系统的硬件在环（HiL）测试和静态代码分析已属于汽车开发标准过程的一部分。

然而，一方面汽车电子和软件的测试并不总是系统化的，测试工作还常常基于启发式，即基于开发团队的经验。这样可以快速有效地定义测试用例，但通常无法知晓测试达到了多少测试覆盖率。另一方面则是暴力破解手段（一般指穷举法），这样需要花费大量的设备、时间和精力对测试模块的输入和状态变量的所有可能组合进行测试，在众多功能的情况下往往会达到和超出容量的极限。

一个好的解决方案是使用"认证测试工程师"，对测试人员进行资格认证是应对这些挑战的恰当措施。对此，本书的作者成功地将必要的专业知识以紧凑实用的形式组合在了一起。

掌握方法论基础是至关重要的，因为汽车软件功能的规模目前正在急剧提升，自动驾驶、网联车辆及其安全保障需要在测试方面取得巨大提升。例如，目前尚不清楚所谓的人工智能（Artificial Intelligence，AI）是否能在未来成为自动驾驶中安全相关功能的一部分。从技术上讲，基于神经网络的人工智能软件模块代表了一个时变的独特系统，其参数可在驾驶过程中通过"学习"发生变化。在这种情况下，针对测试对象既定的黑盒和白盒测试方法就没了用武之地。为此，大量的研究工作致力于为这一应用领域开发适合汽车行业实际应用的全新方法。

格尔德·鲍曼

斯图加特车辆工程与内燃机研究所（FKFS）汽车机电一体化/软件主管

2020 年 7 月于斯图加特

推荐序二

汽车行业在开发软件定义系统方面面临着重大挑战。为了给客户提供全面的驾驶体验，现代汽车的功能越来越复杂，作用链越来越长，网络化程度也越来越高。不同功能的各部分以可扩展的构建模块形式进行组织。大量具有不同工作原理的传感器和非车载系统（Off-board Systems）向高度集成的电子控制单元提供大量数据流。然后，这些控制单元必须使用巨大的计算能力来运算大量相互作用的函数和控制回路，以便控制执行器。

为了克服这些挑战，这些系统是在分工协同的基础上开发和实施的。这主要涉及汽车制造商和（不同层级的）汽车供应商，但也涉及越来越多的创新型初创企业和非行业内公司。如果想将不同的系统构建块集成到一个连贯的整体系统中，必然需要一个持续、有建设性、有方法论支撑、可以有条不紊分工协作的测试。首先是在各个不同的集成阶段测试算法和软件模块。然后，在带有集成软件的目标硬件上，以及在带有集成控制单元的子系统上，直到在各种不同形式的完整系统上都继续执行着测试过程。

为了以专业化、结构化和有条不紊的方式完成这项任务，有必要在技术和方法论的层面对测试方法和执行达成共识。相同的术语作为标准也有助于发展伙伴之间的合作，避免不必要的误解。根据 ISTQB® 框架，对测试人员的培训和认证就提供了这种共同基础。该框架在基础级就已经提供了统一的方法论和概念，每一位参与认证考试的测试人员都应该具备。与此同时，ISTQB® 汽车软件测试人员的专业模块对这一框架进行了补充，缩小了传统软件测试和汽车系统测试之间的差距。

ISTQB® 基础级 ① 的专业汽车软件测试人员培训，为满足汽车行业专业软件测试人员的需求奠定了坚实的基础。由于本书内容通俗易懂，它也是培训和工作中使用这些所学知识的理想参考手册。

托马斯·孔沙克

宝马股份公司自动驾驶 E/E 集成和变体验证主管

2020 年 7 月于慕尼黑

---

① 目前（2024 年 9 月）在 ISTQB® 知识体系中，汽车软件测试已不再属于 ISTQB® FL（ISTQB® 基础级）的 CTFL-AuT，而是属于独立的 ISTQB® 专业领域 ISTQB® CT-AuT，可参看 ISTQB® 官网。

推荐序三

在过去的 15 年里，电子和软件在汽车成本中的份额增加了一倍多。这一趋势正在稳步攀升，同时复杂性也在不断增加。与此同时，汽车电子领域的软件测试已经成为一门独立学科。适用的标准和规范只提到了测试技术，而没有向汽车软件测试人员提供在何种情况下使用哪些测试技术的指导。ISTQB® 的课程大纲和补充资料对此提供了帮助。

自 2002 年 ISTQB® 成立以来，软件测试人员的培训和资格认证最初是完全独立于行业的，现在已经有了巨大变化。后面的这些数字不言自明：目前全球有超过 70 万 ISTQB® 认证测试人员，其中德国有超过 7.5 万名认证测试人员。[①]

早在 2008 年，拉尔夫·邦加德就有了建立汽车软件测试人员资格认证的想法。随着德国测试协会（German Testing Board，GTB）汽车软件测试工程师工作组于 2013 年成立，随后几年他一直致力于开发此模块内容，他现在也是该工作组的负责人。同时，这一想法也在国内外的许多会议上进行了介绍。这样，就可以争取到更多新同事的积极响应和配合。

将汽车软件测试人员结合到 ISTQB® 体系后填补了一个漏洞，即为认证测试人员基础级（CTFL）提供了必要的基础知识，而专业知识又补充了汽车相关的特定内容。两者共同构成了 CTFL 汽车软件测试人员认证的基础。在未来几年，课程大纲的开发还将继续，在课程大纲中将会增加更多关于汽车软件测试方面的内容（如 IT 安全渗透测试）。

本书详细阐述了课程大纲之外所需的专业知识，因此，本书是 ISTQB® 和 GTB 体系结合的结晶。

霍斯特·波尔曼

GTB 执行委员会成员，Lemförder Electronic GmbH 公司过程、方法和工具部门的主管

2020 年 7 月于本德

---

① 截至 2024 年 2 月，全球 ISTQB® 认证测试人员的人数已超过 130 万。

中文版序一

当今中国汽车行业正在经历巨大的挑战，数字化时代下的新技术和新产业对汽车行业的发展也注入新动力，软件已成为汽车发展不可或缺的重要组成部分。作为汽车工程领域的从业者，理解并掌握汽车软件的核心关键——汽车软件测试是十分必要的。因此，我非常荣幸能与大家分享本书。

本书内容涵盖汽车与软件测试两大领域的基本知识，突出了如何在汽车领域保障汽车软件的质量。本书以汽车软件为背景，系统化阐述了测试理论和实践。书中通过案例详细介绍了 ASPICE、ISO 26262、AUTOSAR 等国际标准，以及与汽车测试紧密关联的虚拟测试环境的构建与实施。这些知识不仅能够帮助读者理解汽车软件测试的复杂性和多样性，还为各类工程师和技术管理者提供了实用的工具与方法。在竞争激烈的汽车市场中，企业能否准确实施软件测试，将直接影响其产品的市场表现与安全可靠性。

本书的作者都来自国际软件测试组织和著名汽车和汽车配件企业，有着丰富的理论基础和专业经验，书中通过示例项目引导读者在真实应用场景中体会测试原则与方法的实际运用。希望读者在此基础上，培养独立思考与创新解决问题的能力。此外，面对快速变化的技术环境，持续学习与更新知识显得尤为重要。本书将成为读者在汽车软件测试领域探索的良师益友。

值得注意的是，汽车软件测试不仅是技术问题，更关乎安全与责任。车辆的安全性、可靠性和用户体验都是软件质量属性。因此，建立一套科学有效的测试体系，对每个汽车制造企业来说，都是提升市场竞争力的重要保证。本书搭建起这样的桥梁，帮助从业者在复杂的技术挑战中找到解决方案。

我期待本书能成为广大汽车工程师、测试人员及学术研究者的重要参考书籍。它不仅是一本技术指南，更是对未来汽车行业发展的科学阐释。通过学习本书，读者将在充满挑战与机遇的汽车软件测试领域，找到适合自身发展的方向与方法。

最后，衷心感谢本书的作者和译者，正是你们的辛勤付出与深厚知识，产生了这样一部好作品。希望广大读者能够以本书为起点，深入探讨汽车软件测试的各个维度，共同推动汽车行业的持续发展与创新。

——余卓平，同济大学教授，新能源汽车工程中心首席科学家，
国家智能型新能源汽车协同创新中心主任

汽车功能现已处处离不开软件，点一首歌、调一下座椅，乃至从一个地方到另一个地方的全自动驾驶，汽车与软件已密不可分。软件由大量 0 与 1 的机器码所构成，在现实的时间线上，通过电子电路信号来回反转，构建出最终效果，这就是所说的功能，它是一种由逻辑构建的实体，包含一系列的动作与数据，又由于其复杂性、载体特性及人的参与，其本身有不小的出错概率，当前一辆汽车的软件代码数量超过亿行，这也加剧了其出错的可能性。

软件错误的影响随着行业不同往往不同。一款游戏出错，带来的可能是用户不悦；一次在线会议出错，带来的可能是效率降低；一次工厂自动化机器人出错，带来的可能是人员伤亡。由于当前汽车软件功能的不断新增，汽车软件错误几乎影响包含以上所有可能，因此汽车软件测试尤为重要。

最初为避免车主因问题汽车软件降低对品牌的评价，以及避免极限状况功能失效而导致人或物受损，我们需要提前试一下，这种方式就是汽车软件测试最初的情况，但这样的测试总是带有一定随机性，其随机性表现为到底对什么做测试主要凭借着人们的感觉，也就是经验。我们发现仅依靠经验的测试无法对软件质量做一个持续保障，我们开发的车辆并不止一个型号，人员的经验和感觉也是浮动的，况且对于一些极限状况的测试，若测试失败，对测试人员也相当危险。此时我们意识到，汽车软件测试需要系统化的框架与大量的仿真来支撑这项业务。

最早引入的就是 ISTQB®，当时主要使用用例设计部分，通过该系统化的设计方法对汽车软件设计规格说明书进行了一定程度的覆盖度测试，效果立竿见影，很快就发现大量逻辑组合问题及外围边界处理不当的问题。对于极限状况的测试，也通过仿真测试环境的构建在 HiL 上完成了各种极限环境测试，由此，软件测试成为一个固有业务。随后我们又发现了测试任务嵌入整车研发体系中的问题，如测试什么时候介入？测试计划制定除了时间外还需要计划些什么？大量软件问题揭示了软件质量中的风险，我们该如何避免问题的出现？该如何标识问题才可获得对改进有益的信息？

为此，我们再次深入研究 ISTQB®、ISO 29119 等标准，将其中对于测试策略、测试计划、问题管理、过程改进等的内容纳入流程体系。我们早在 2012 年就开始着手引入 ISTQB® 等软件测试知识体系，并使相当一部分测试人员通过了 ISTQB® 的认证。在引入过程中我们也发现，这些体系均是软件测试框架中的内容，对于汽车中所涉及的标准并没有相关内容，如测试分析、测试设计与 ISO 26262 到底如何结合；ASPCIE 如何嵌入软件测试体系中，其与 TMMi 的关系是什么；AUTOSAR 框架的软件到底该如何测试。这些内容我们虽然通过对相关标准的研究分析也得到了解答，但本书已将上述所有内容囊括其中，可以说是汽车软件测试的一本内容大全。

汽车软件测试业务发展至今已不再是单击一个按钮、打开一个界面的简单操作可以表述的内容，其知识体系与技术框架也逐渐成为重视软件质量，希望给用户带来更好、更安全软件使用体验的车企必修课。因此，愿所有读者，通过对本书的深入学习，可以为自己所在的企业、为中国汽车软件质量添上浓厚的一笔。

——王磊，北京汽车研究总院院长

汽车行业正在经历技术飞速发展与软件复杂化的深刻变革。新能源汽车的普及和智能化水平的提升，使得汽车中软件代码量已达到亿行级，这对软件测试提出了更大挑战。为了确保汽车的安全性和可靠性，软件测试人员必须在开发过程中识别并修正潜在问题，有效的软件测试不仅是提升汽车安全性的基础，也可防止潜在故障对用户安全构成威胁。

作为上海交通大学机械与动力工程学院的教授，我深知软件在汽车技术中的重要性。近年来，我关注新能源汽车及其核心技术的研发，特别是在智能电池管理和智能驾驶系统方面，这使我更加认识到高质量汽车软件测试的重要性。我认为，本书的出版具有特别的意义。

本书由4位杰出的行业专家——拉尔夫·邦加德、克劳迪亚·杜萨·齐格、拉尔夫·赖辛和亚历山大·舒尔茨合著，他们都是GTB汽车软件测试工程师工作组的成员，长期从事汽车软件测试的研究与实践。本书的翻译工作由周震漪和张盟共同完成，两位译者的合作为本书的准确性与实用性提供了保障。

周震漪是国际软件测试资质认证委员会中国分会（ISTQB®/CSTQB®）的核心发起人，并持有ISTQB®专家级证书，拥有丰富的软件测试理论和实践经验。张盟则是克劳斯塔尔工业大学博士，现从事软件系统及系统工程的研发与咨询工作，包括人工智能、智能化控制等领域。两位译者不仅忠实于原著内容，还结合了中德市场的实际情况，增强了本书的本土化适用性。

本书涵盖了汽车软件测试的基础知识，对接了SOTIF（预期功能的安全）和IT信息安全等新兴领域。内容经过精心编排，旨在帮助读者理解并应用软件测试的核心概念和技术，提升实际工作能力，具有重要的实际价值。

在此，我对本书的作者和译者表示衷心的感谢。他们的辛勤工作和卓越贡献，使得这本书成为汽车软件测试领域的一部重要著作。我希望读者能够充分利用本书内容，不断提升专业水平，为汽车行业的发展做出贡献。

——张希，上海交通大学机械与动力工程学院教授，智能汽车研究所所长，

汽车动力与智能控制国家工程研究中心副主任

译 者 序

在开发 ISTQB® "汽车软件测试" 专业级认证考试课件过程中，编者曾咨询德国测试委员会的霍斯特·波尔曼先生，他极力推荐了《汽车软件测试基础》一书。获得此书后，又恰逢张盟从德国克劳斯塔尔工业大学软件与系统工程研究所出差来上海。我们二人在讨论工作时聊到此书，都认为这是一本难得的好书，也是一本很好的领域指导手册。我们俩，一位正在德国从事软件和系统架构设计研发，特别是面向人工智能及自动驾驶安全系统方向的研究；另一位也在软件测试和软件质量保障领域从事研究和探索工作几十年，二人的专业组合能很好地涵盖书中的内容。于是，我们当即决定合作翻译此书，也就有了这本中文译本。

本书主要讲述了汽车软件测试的基础知识，随着汽车的数字化和智能网联化发展，汽车已从以硬件为主、软件为辅的集成系统产品，逐渐转变为以软件主导，搭载相关硬件模块的系统级移动出行服务平台。汽车的本质已被软件所重塑，软件质量继而成为汽车质量的关键组成部分。这本书综合了汽车和软件测试的基础知识，旨在指导读者如何有效、高效地进行汽车软件测试。本书不仅能让我们了解国际同行的实践经验，还帮助我们理解标准和规范在汽车研发过程中的作用，以及汽车软件测试所特有的虚拟及现实测试环境的结合和应用，对中国汽车行业的发展也有重要意义和参考价值。同时，书中也介绍了多种软件测试方法和技术及其在汽车领域的应用。希望本书能为读者带来价值，并为汽车行业发展赋能。

由于我们的专业水平有限，加之书的内容覆盖面较广，翻译和理解过程中难免会出现疏漏和不足。在此，我们诚挚欢迎广大同行和读者批评指正。

借此机会感谢原书作者，特别是现任 ISTQB® 主席的克劳迪亚·杜萨·齐格对我们翻译和出版工作的大力支持，感谢清华大学出版社为本书出版工作的辛勤付出，也感谢众多中国同行的鼎力支持和推荐。同时，特别感谢宗敏带领的上海同思廷团队成员为本书出版做出的努力。

书中有部分标准号已废弃（原书写作时间为 2020 年），因不影响对内容的理解，为和原书保持一致，故本书翻译后不做修改。

周震漪　张盟

2024 年 8 月

作者简介

拉尔夫·邦加德

ISARTAL akademie GmbH 的总经理兼培训师，自 1999 年以来一直在汽车行业担任开发人员、顾问和培训师。他的主要课题是系统工程背景下的需求和测试管理，以及专业培训师的培训。他是 GTB 的成员，也是 GTB 汽车软件测试工程师工作组的负责人。

克劳迪亚·杜萨·齐格

imbus AG 的高级顾问，在软件测试、测试管理和测试过程咨询与改进领域拥有 20 年的专业经验。她是 ASPICE 首席评估师。自 2008 年以来，她一直担任 DIN 标准委员会 043-01-07 AA "软件和系统工程" 的主席，自 2018 年以来一直担任 GTB 的主席。现任 ISTQB® 主席。

拉尔夫·赖辛

科堡应用科学大学汽车信息学教授，自 2002 年以来一直在汽车行业工作，专注于测试和需求工程。他是斯泰恩拜斯汽车软件工程转移中心的负责人，在那里他提供汽车测试方面的建议和培训。他是 GTB 的成员，也是 GTB 汽车软件测试工程师工作组的副组长。

亚历山大·舒尔茨

在宝马集团从事功能安全领域的车辆开发工作。自 2012 年以来，一直专注于基于 IEC 61508 和 ISO 26262 的功能安全领域。

本书的所有作者均为 GTB 汽车软件测试工程师工作组的成员，并积极参与了 ISTQB® 基础级专业领域 - 汽车软件测试课程大纲 V2.0 的开发。

前　言

　　汽车行业在不断变化。尽管汽车及汽车部件的测试一直以来都是开发的一个重要组成部分，但是测试在今天比以往更加重要，因为汽车中软件的规模在不断增大。目前构成汽车软件的代码已多达亿行级。此外，经验表明，由于软件的特殊性，它甚至比硬件和机械更容易出错。

　　因此，随着汽车系统中软件占比的增加，预计汽车系统中的错误也会显著增多。软件测试人员必须在开发过程中能发现和拦截这些错误，以防止客户在驾驶和操作汽车过程中因为这些错误而发生事故，甚至在极端情况下导致人员的伤亡。汽车行业中指导软件测试的书籍很少，这本书的出版也为此做出了贡献并填补了空白。

　　这本书的 4 位作者都是 GTB 汽车软件测试工程师工作组的成员。该工作组的成员主要来自汽车制造商（如宝马、戴姆勒）、汽车供应商（如大陆集团、马夸特、舍弗勒、采埃孚）及其服务供应商（如工具制造商、顾问、培训机构）。

　　自 2014 年以来，GTB 汽车软件测试工程师工作组一直在为 ISTQB® 的基础级汽车软件测试工程师（CTFL-AuT）开发课程大纲（最初只是德语版）。当前最新版本是 2020 年的 2.0.2 版 [ISTQB 2020]，此版本已经完成并可使用。此课程大纲的 1.0 版本由 Prozesswerk 公司受 GASQ（Global Association for Software Quality）委托于 2011 年编制。在此基础上，GTB 汽车软件测试工程师工作组在 2014 年开始接手并延续了课程大纲的开发。

　　2018 年英文版的课程大纲开发完成，开创了 ISTQB® 基础级汽车软件测试工程师（CTFL-AuT）在德国、奥地利和瑞士等国家之外的国际化之路。课程大纲的中文、日语和韩语翻译如今已经非常完善。与此同时，GTB 汽车软件测试工程师工作组在内容上对课程大纲做了进一步开发，将汽车行业所关注的一些新内容与测试相结合，如 SOTIF（预期功能安全）和 IT 信息安全。

　　该课程大纲于 2017 年进行了大量的修订，为了配合新大纲，出版社 dpunkt.verlag 提议，在此基础上编写一本有关该课程大纲的基础知识系列教科书，便于深化其内容，并对 ISTQB® 认证考试的准备提供支持。就这样，本书的 4 位作者自发地走到了一起，我们不仅想把课程大纲以图书的形式呈现给读者，还想以此深化课程大纲并可用于辅助教学。本书现在就在您手上了。

　　为了让读者能更好地阅读本书，书中省略了（男／女）测试人员等对不同性别的角色描述，而只使用了男性测试人员形式，即测试人员（Tester）。当然，此角色描述适用于所有性别。①

①　德语中的测试人员一词有阳性和阴性之分。阳性代表男性测试人员，阴性代表女性测试人员。尽管本书中使用了阳性的测试人员一词（Tester）指代所有男性和女性测试人员，但没有任何歧视女性的意思。

您可以在 www.ctfl-aut.de 网站上找到本书。在该网站上，也可以找到课程大纲、模拟考试题和其他有用的相关资料的链接。此外，您还可以在那里给出对本书的反馈意见。我们感谢审稿人马蒂亚斯·弗里德里希、托尔斯滕·盖塞尔哈特、托马斯·哈格勒、米夏埃尔·海梅尔、丹尼斯·赫尔曼、彼得·拉布和托拜厄斯·施密德对本书不同章节草稿提供的宝贵反馈，以及安德里斯·斯皮勒对全书手稿提出的综合意见。我们还要感谢本书的推荐人格尔德·鲍曼、托马斯·孔沙克和霍斯特·波尔曼。此外，我们也感谢出版社 dpunkt.verlag，特别是克里斯塔·普雷森丹兹，感谢他们对书籍手稿交付多次延迟的无限耐心。最后，但同样重要的是，我们要感谢我们的家人，他们长期耐心地支持我们开展大规模的图书出版工作。

祝愿我们的读者在阅读本书时能有很多快乐和顿悟的经历。

拉尔夫·邦加德、克劳迪亚·杜萨·齐格、
拉尔夫·赖辛、亚历山大·舒尔茨
2020 年 7 月分别于慕尼黑、拜尔斯多夫和科堡

目　录

第1章 简 介

本书针对那些在汽车领域从事测试相关工作，如对于基于软件的系统进行测试规划、准备、执行或评估的人员。本书旨在尽可能广泛地介绍汽车软件测试的主题，但也要说明，并不涵盖所有相关的专业内容。

对于一些专题的深入讨论，请参考相关独立的 ISTQB® 模块的课程大纲和书籍，例如，用于敏捷软件开发的测试、用于 IT 信息安全的测试和用于基于模型的测试。关于当前非常热门的基于人工智能（AI）的测试系统，如自动驾驶汽车，相应的 ISTQB® 课程大纲也正在编制中。

1.1 课程大纲

本书可以帮助读者准备 ISTQB® 专业领域 - 汽车软件测试工程师（CTFL-AuT）的认证考试（注：ISTQB® 已将原 CTFL-AuT 调整为独立的专业课程大纲 CT-AuT，请参看 ISTQB® 官网），适用于自学及培训课程。它涵盖了 ISTQB® 课程大纲（版本 2.0.2）的全部内容。附录 E 包含一个信息来源的参考表，列出了 CTFL-AuT 课程大纲中各个章节在本书中的位置。在这本书中给出了很多重要的背景知识，并对其中一些方面进行了更为深入的探讨。然而，本书的部分内容也超出了课程大纲的内容要求。

为了准备认证考试，除了本书外，还必须阅读和理解课程大纲，因为考试问题来源于课程大纲，并且课程大纲对某些主题的处理与书本略有不同。然而，书中也标明了与课程大纲的不同之处。

CTFL-AuT 以 ISTQB® 基础级课程大纲为基础，补充了汽车相关的特定内容。因此，CTFL-AuT 认证需要有 CTFL（ISTQB® 基础级）的认证证书。这本书本质上预设了读者对 CTFL 内容的了解，这部分内容如有需要可阅读《软件测试基础》一书。

本书中使用的测试专业术语基于跨课程大纲的 ISTQB® 术语表。如果读者对某个测试专业术语不熟悉或不了解，可以在该术语表中找到相应的定义。

1.2 本书概述

本书基本上以 CTFL-AuT 课程大纲的结构（见附录 E）为基础。

第 2 章论述了 CTFL-ISTQB® 基础级的基本知识。它概述了 CTFL 中对于理解 CTFL-AuT 所必要的测试基本原则。此外，本章还描述了汽车行业典型的产品开发过程（Product Development Process，PDP），并讨论了测试人员在产品开发过程中参与的活动，例如（产品）发布。

第 3 章涵盖了软件测试人员在汽车行业中通常会接触到的标准和规范。书中特别关注 ASPICE、ISO 26262 和 AUTOSAR，对这些标准和规范的基本结构，以及对测试人员的相关要求和挑战都做了解释。与课程大纲相比，本书提供了更多关于各标准和规范的信息和背景。本章的目的是向测试人员提供足够的信息，以便他们能够参与有关标准和规范中引申出的测试需求的讨论。本章最后对标准和规范中的目的、测试级别、测试技术和测试方法进行了比较。

第 4 章介绍了汽车行业中使用的不同虚拟测试环境。在对测试环境进行一般性阐释后，本章介绍了闭环系统和开环系统之间的区别。然后，深入分析了各类虚拟测试环境的特性，如 MiL（模型在环）、SiL（软件在环）和 HiL（硬件在环）。最后，对不同的虚拟测试环境及其在产品开发中的应用领域进行了比较。

第 5 章介绍了汽车行业中使用的特殊测试方法和技术，并通过实例说明了它们的具体应用。在软件测试中，测试方法具有普遍性，代表了解决测试任务的基本方式和理论。而测试技术是解决测试任务的具体方式和技术手段。测试技术包括静态和动态测试技术。静态测试侧重于根据 MISRA C 进行的代码分析，以及用于评审需求的质量特性。动态测试特别侧重于 ISO 26262 推荐的测试技术。例如，其中包括修正条件 / 判定测试（MC/DC 测试）、背靠背测试和故障注入测试。此外，第 5 章还展示了如何在具体的项目环境中选择测试技术。

在撰写本书的过程中，有些作者编写的部分内容超出了本书主要章节的涵盖范围。不过，由于这些内容都是很有价值的信息，因此可以在附录中找到。例如，ISO 26262 中所有卷的内容摘要，包括对 2018 版更新的说明。

为了便于读者更容易理解本书的内容，本书以汽车制造商巴伐利亚电动汽车（Bavarian Electric Cars，BEC）的城市轻型车（Urban Lite Vehicle，ULV）项目作为贯穿全文的一个示例项目（见 1.3 节）。在可能和适当的情况下，书中的各个章节内容都会参考该示例项目。这将使读者更容易理解书中的内容，并将所学内容应用到日常的项目工作中。

1.3 示例项目介绍

本书中贯穿全文的示例旨在帮助读者更好地理解书中内容。书中所有的示例均用灰色
突出显示：

> **示例：巡航系统**
> 待开发的巡航系统功能指的是单一的速度调节器，而不是自适应巡航系统。

1.3.1 示例项目背景

该示例项目的核心是爱迪森电子（Eddison Electronics，EE）公司。爱迪森电子是一家
专注于汽车电力驱动的中型企业。汽车制造商巴伐利亚电动汽车（BEC）委托爱迪森电子
公司为其新型的城市轻型车（ULV）开发电力传动系统。爱迪森电子在该项目中担任（一
级）系统供应商，并为巴伐利亚电动汽车（BEC）公司开发完整的电力驱动系统，其中包
括驱动轮防滑控制或巡航系统等相关功能。图 1-1 显示了爱迪森电子负责的车辆部分。

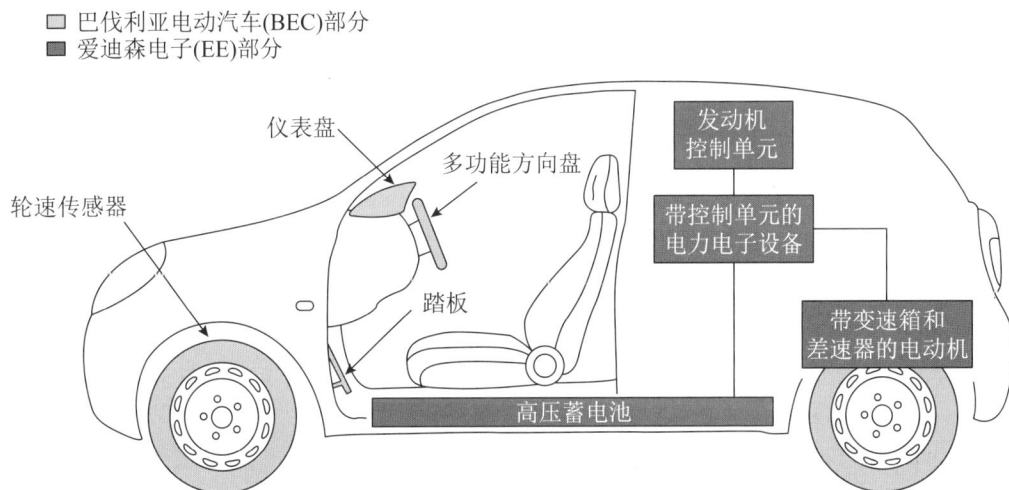

图 1-1　爱迪森电子（EE）在 ULV 项目中负责的范围

1.3.2 系统构成

ULV 的电力传动系统由 E/E 驱动系统和纯机械部件（例如，变速箱和差速器）组成。
E/E 驱动系统包括电机、电力电子设备（如逆变器）、高压蓄电池及电力电子设备控制单
元和电机控制单元。它们集成到车辆的电气系统和总线系统（包括 CAN 总线）中。这些
控制单元为现代平台控制单元，其硬件和软件均由爱迪森电子公司自主开发。

图 1-2 展示了电力传动系统的结构，包括构成两个控制单元软件的软件组件。带有软
件部分的结构元素对于本书中的示例尤为重要，它们都用灰色表示。

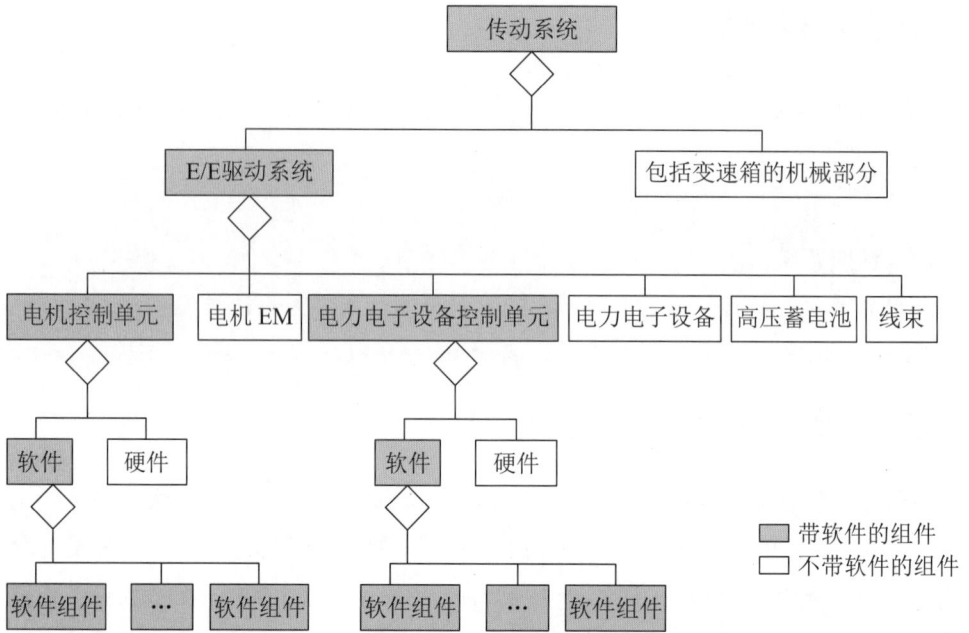

图 1-2　电力传动系统的结构

由于整个电力传动系统的范围非常广泛，下面重点介绍示例中巡航系统的功能特征。

巴伐利亚电动汽车（BEC）公司在项目开始时起草了粗略的巡航系统说明，具体如下。

（1）这是一个纯粹的速度调节器，而不是自适应巡航系统。

（2）巡航系统的速度调节完全通过电力驱动执行，巡航系统不提供制动干预。

（3）驾驶员可以通过多功能方向盘激活和关闭巡航系统。激活时，驾驶员设定所需的速度。当巡航系统处于激活状态时，驾驶员可以更改所需的车速。

（4）踩下加速踏板超过当前设置的期望速度（例如加速）会中断巡航系统的速度调节。一旦加速踏板位置重新降至该期望速度之下，巡航系统将恢复速度调节。

（5）驾驶员踩下制动踏板（刹车）后，巡航系统立即关闭。

（6）出于舒适性考虑，巡航系统的加速度限制在 4m/s^2 以内。

爱迪森电子公司根据 BEC 的描述制定了系统需求规格说明（见附录 D），并在此基础上开发了功能系统架构，包括对系统组成部分进一步的细化需求（见附录 D）。图 1-3 显示了巡航系统的功能架构。

巡航系统功能由以下 7 个系统架构元素组成。

（1）处理轮速传感器：用来评估 4 个车轮上的转速传感器的测量值，并计算车辆的实际速度。

（2）处理驾驶员期望：对驾驶员请求进行预处理（例如，预期速度和制动踏板状态）。该元素分析巡航系统是否处于激活状态，并为巡航系统提供目标车速。

（3）巡航系统（调节器）：根据目标和实际车速计算发动机的目标扭矩。

4

（4）扭矩协调器：根据巡航系统是否激活来确定正确的目标扭矩。

（5）电力电子设备控制：根据目标扭矩对电机进行必要的控制。

（6）转换器：将控制信号转换为具体的电流。

（7）电机和变速箱：通过集成的变速箱驱动车轮。

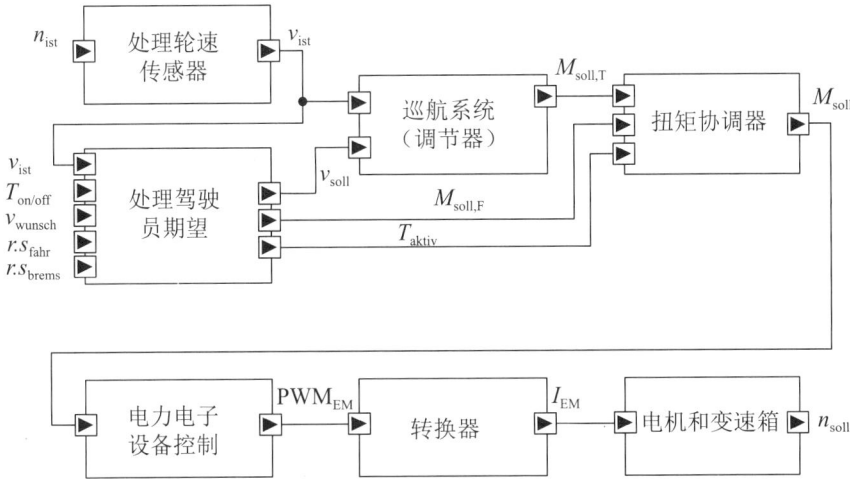

图 1-3 巡航系统的功能架构

图 1-3 中架构元素边缘的小方框表示接口。方框中的三角形指示信号方向，并以此标记该接口发送和接收数据。表 1-1 详细介绍了接口传输的信号。

表 1-1 巡航系统接口传输的信号

信 号	说 明
I_{EM}	流向电机的电流强度
M_{soll}	整合后的目标扭矩
$M_{soll,F}$	基于加速踏板的目标扭矩
$M_{soll,T}$	基于巡航系统调节器的目标扭矩
n_{ist}	4 个轮速传感器的当前实际值
n_{soll}	电机和变速器之后的目标轮速
PWM_{EM}	用于控制电机的脉宽调制信号
$r.s_{brems}$	制动踏板的位置
$r.s_{fahr}$	油门（加速）踏板的位置
T_{aktiv}	巡航系统的实际活动状态
$T_{on/off}$	驾驶员请求的巡航系统激活状态（打开 / 关闭）
v_{ist}	车辆的当前实际速度
v_{soll}	巡航系统的车辆目标速度
v_{wunsch}	巡航系统的驾驶员期望速度

1.3.3 适用的标准

巴伐利亚电动汽车公司（BEC）希望爱迪森电子能够按照标准和规范定义的最新技术

水平进行开发。这里重点介绍了汽车开发的三个关键标准，第 3 章对这些标准进行了更详细的讨论。

（1）爱迪森电子的开发过程必须符合 ASPICE（Automotive SPICE）。巴伐利亚电动汽车公司已确定采用 VDA 软件过程评估（VDA Scope），并希望在该项目中对于这些过程达到能力级别 2。有关 VDA 软件过程评估（VDA Scope）见附录 B.2 节。

（2）由于 ULV 的电力传动系统是一个安全关键系统，爱迪森电子在开发过程中必须考虑 ISO 26262 的要求（见 3.2 节）。

（3）在开发控制软件时，爱迪森电子必须符合 AUTOSAR 标准（见 3.3 节）。

此外，还有许多其他与项目相关的标准和规范。第 3 章中列出了其中的一些。

1.3.4　参与人员

以下人员参与了爱迪森电子的项目。

（1）卡斯滕（Karsten），商务负责人：卡斯滕除了负责商业任务外，还负责供应商的监督和管控。

（2）佩特拉（Petra），项目负责人：佩特拉是 ULV 项目的总负责人，也是 BEC 的核心联系人。

（3）拉斯（Lars），开发部门负责人：拉斯是开发部负责人，还是爱迪森电子公司的产品开发过程的负责人。

（4）托尔斯滕（Thorsten），子项目负责人：托尔斯滕负责巡航系统的子项目。

（5）斯蒂芬（Stefan），安全经理：斯蒂芬负责巡航系统功能的安全概念方案。他的工作得到了一个专家小组的支持。

（6）昆汀（Quentin），质量经理：昆汀负责质量保证、配置管理和变更管理。他是 ASPICE 的临时评估师，为该项目准备评估提供支持。

（7）托马斯（Thomas），测试经理：托马斯负责爱迪森电子公司项目中的所有测试工作。由于爱迪森电子公司已将部分测试工作外包给外部服务供应商，他还负责协调这些服务供应商。

（8）提姆（Tim），软件测试人员：提姆负责巡航系统的功能测试。

（9）埃丽卡（Erika），开发员：埃丽卡负责开发巡航系统功能的软件。

（10）西蒙（Simon），系统和软件架构师：西蒙是负责平台架构的首席架构师，并为 ULV 项目中的电力传动系统设计了具体的系统和软件架构。

（11）罗尔夫（Rolf），需求经理：罗尔夫负责需求工程和需求管理。他是动力总成系统规格说明的作者（见附录 D）。

（12）鲁迪（Rudi），发布经理：鲁迪负责发布的时间安排和内容管理。

第2章 基础知识

汉车软件测试人员（以下简称测试人员）也是软件测试人员，对于他们适用同样的测试原则、过程和技术。然而，他们又在汽车的特定背景下工作。测试的基本原则是 ISTQB® 基础级认证测试人员（CTFL）[ISTQB 2018] 培训内容的一部分，这些原则也适用于此。

除了测试原则（2.1 节）外，本章内容还包括系统生存周期（2.3 节）中的测试过程（2.2 节）。此外，本章还介绍了在汽车行业软件开发的背景下，必须考虑测试的三个维度（2.4 节），包括测试级别、测试类型和测试技术。

2.1 测试原则

在 CTFL 中描述了指导每位测试人员日常工作的 7 项测试原则 [ISTQB 2018]。

原则 1：测试揭示缺陷的存在，而不是揭示不存在缺陷

在实践中，测试人员经常面临以下要求：提供功能发布（的建议）（见 2.3 节）或对功能的确认。这里必须明确的是，测试人员只能降低和评估未检测到缺陷①的风险。他们永远无法证明一个功能是没有错误的。

原则 2：无法穷尽测试

为了获得市场份额并满足客户要求，汽车制造商提供了越来越多不同的车型系列、配置和功能。2017 年，大众在德国销售了"近 8.4 万辆高尔夫车型的汽车。其中超过 5.8 万辆具有不同的配置，只有 400 辆高尔夫是相同的——除了颜色不同。这意味着：（大众）创造了一个个性化体系。"[Doll 2018]。和大众一样，其他汽车制造商也在为客户提供广

---

① 缺陷：由于工作成果中的瑕疵或不足导致没有满足它的需求或规格说明 [ISTQB]。

泛的个性化汽车。

配置的多样性不可避免地导致高复杂性，这增加了可能出现缺陷的风险，还导致了测试工作的爆炸性增长，从而需要高昂的成本。即便可以进行完全的测试，但因为需要高昂的测试成本，经过穷尽测试的个性化产品的价格也是无法忍受的。因此，如果穷尽测试，既不明智也不合理，所以只能抽样进行测试。标准和规范（见第 3 章）及测试方法和测试技术（见第 5 章）可以帮助测试人员选择合适的测试样本。

原则 3：早期测试可节省时间和金钱

测试人员发现缺陷的时间越晚，纠正缺陷的成本就越高。前置（Frontloading）是精益开发 [①]（Lean Development）的设计原则之一，它基于尽可能避免由于后期发现和修改缺陷而导致的高成本的方法。静态测试（见 5.2 节）和（软件）组件测试在早期发现错误方面发挥着重要作用。

此外，测试嵌入式系统给测试人员带来了重大挑战。由于嵌入式车辆系统需要集成到车辆的技术环境中，因此软件的行为通常只能在车辆环境中进行评估。然而，在真实条件下（即在目标硬件和真实环境中）进行测试通常是非常耗费时间和成本的。因此，早期测试同样可以节省时间和金钱，但需要使用虚拟测试环境来模拟系统嵌入的环境（见第 4 章）。

原则 4：缺陷的聚集

在实践中，已经表明缺陷在所有测试对象中不是均匀分布的（相等错误密度）。其原因是：在开发过程中由于不当行为会导致缺陷。这些不当行为的驱动因素包括时间压力、高复杂性、测试对象的高度创新及员工资质不足。

测试资源的均匀分配会有一个缺点，即关键区域可能没有得到充分的测试，而非关键区域的测试过于详细。两者都会降低测试的效率（测试的价值与测试所需工作量相比）。对此，基于风险的测试方法（见 5.1.3 节）可以实现高效的测试。在这种方法中，测试工作量的分配取决于错误聚集的风险（产品风险）或错误处理的风险（项目风险）。

原则 5：小心农药悖论

在汽车行业的软件开发中，回归测试策略通常包括测试人员执行所有或至少始终相同的回归测试。这可能会产生所谓的积极效果，即回归错误数量的减少。之所以说是所谓的积极效果，是因为由此产生的对日益成熟产品的假设可能是错误的。因为农药悖论也会导致回归错误的减少。与通过大量使用杀虫剂产生耐药性的害虫类似，测试对象也可以对不断重复的回归测试产生耐药性。事实上，这些区域质量会更高。不过，由于不可能进行完全的测试，因此无法理所当然地将质量更高的假设适用于所有区域。

选择抽样样本进行回归测试是以回归测试策略为基础的。不幸的是，随着时间的推移，开发人员也会适应这种策略，就像害虫适应农药一样。因此，回归测试策略应始终包含一定比例的变化部分。例如，通过改变测试重点或使用基于经验的测试。

[①] 精益开发是在产品开发过程中应用了精益管理的概念（见 2.3 节）。

原则 6：测试取决于上下文环境

测试策略和测试方式没有统一的标准。测试必须适应开发环境。这主要包括所使用的开发模型、所处行业和所应用的技术。

测试取决于所使用的开发模型。例如，顺序开发模型（如 V 模型）中的测试在独立的测试阶段内进行。然而，在迭代 / 增量开发模型（如原型设计或 Scrum）中，测试是一项持续且伴随式的活动。

车辆的开发通常沿着产品开发过程的顺序阶段进行（见 2.3 节）。为了应对开发工作的高度复杂性和庞大规模，汽车制造商（以下简称制造商）将开发的零部件外包给了供应商。在由此产生的供应链中，制造商处于顶端，其后是一连串的供应商。

题外话：OEM 和一级供应商

在汽车行业，汽车制造商的名称为原始设备制造商（Original Equipment Manufacturer，OEM），供应商分为不同的等级。根据供应链中与原始设备制造商（OEM）的距离，供应商分为一级、二级等。因此，第一级供应商表示是 OEM 的直接供应商。第二级是第一级的直接供应商，以此类推。通过每个级别的客户和承包商的互动，供应链级别的数量对测试级别的数量和设计会有影响。

测试是基于行业的，要与测试的产品类型相适应。例如，对于网上商店的订购过程，让外行来测试也许是可能的。一旦发生故障，销售额通常会损失。在最坏的情况下，故障可能会损害企业的形象。因此，其重要的测试目的是评估功能（商业目的）和易用性。但是，对于在车辆上刹车的实时测试，则可能需要驾驶执照，而且这里的故障可能会造成致命的后果。虽然对功能（商业目的）的评估在这里也是一个重要的测试目的，但可靠性评估的优先级要高得多。

经典 IT 系统的软件通常运行在商业标准化的硬件（如 PC、工作站、服务器）上，硬件制造商也会提供必要的驱动程序。因此，IT 系统的开发通常仅限于软件，即应用程序。硬件和操作系统对 IT 开发人员来说是给定的，而且已经经过测试。

相比之下，在嵌入式系统的软件开发及机电系统的软件开发中，硬件（电气 / 电子）和机械是整个系统不可分割的组成部分。因此，软件测试不能孤立于硬件和机械来考虑。软件、硬件和机械的开发过程之间的密切联系是一个重要的成功因素。

原则 7：谬论："没有错误"意味着一个可行的系统

认为只进行验证和对已识别的缺陷进行修改就能确保系统的成功，这是一种误解。因为通过测试验证了系统满足规定的需求，这仍然无法证明该系统也满足特定预期用途或应用的要求（确认）。

当规定的需求构成车辆制造商与其供应商之间开发合同的基础时，这就构成了一个特别的挑战。如果供应商的软件、控制单元或系统满足这些需求，则其已履行合同。但是，如果供应商对需求的解释和实现使交付项目没有（或没有完全）符合预期用途，该怎么办？因此，测试不能仅限于验证。测试人员还应通过确认，关注预期用途和应用。

2.2 测试过程

测试不仅是测试执行（2.2.1 节）。系统化工作方式还包括测试准备（2.2.2 节，测试分析、测试设计和测试实施）和测试管理（2.2.3 节，测试规划、测试监督和控制及测试结束活动）。如图 2-1 所示的是一个测试过程的参考模型，在实际工作过程中可以根据需要对模型进行细分或合并。

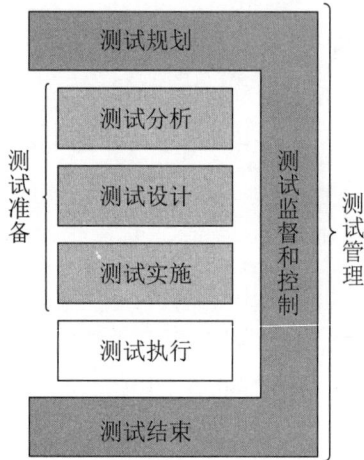

图 2-1　测试过程的参考模型

根据所使用的开发模型，图 2-1 中显示的所有测试活动可以是连续的，也可以（部分）相互并行。例如，一个稍后要实现的功能集的测试设计可以与已经实现的功能集的测试执行并行进行。

2.2.1　测试执行

当人们谈论测试时，通常离不开测试执行。在测试执行过程中，测试人员（或开发人员）执行先前定义的测试，记录测试日志，并在错误报告中报告与预期结果的任何偏差。如果测试执行以机器可读的形式运行，那么也可以在工具的帮助下自动执行测试。

2.2.2　测试准备

在所有测试活动中，测试执行是所有项目参与者最熟知的测试活动，因为它提供了项目中可见的测试结果和错误报告。但是，在测试人员能够执行测试之前，他必须分析作为测试基础的测试依据，完成测试规格说明，然后实现在执行这些测试中所需的测试环境和设备。

不幸的是，许多开发模型（如 V 形模型）表明测试只在开发结束时进行。这些模型（至少在时间方面）只考虑了测试执行。测试准备活动可以且应该尽早开始，并与其他开发活动并行。

1. 测试分析

在测试分析过程中，测试人员评估和分析相应的测试依据 ①，并确定要测试什么（测试条件）。

测试依据提供了有用的信息，测试人员可以应用这些信息作为设计测试用例的基础。这些测试依据可以是规格说明、内部结构描述或测试人员从其他项目或其他系统中获得的经验。

根据已经确定的测试条件，测试人员继而确定要测试的内容。根据测试依据，测试条件可能是特定参数的边界值、程序代码中的判定式或经验丰富的测试人员的期望。

2. 测试设计

在测试设计过程中，测试人员设计涵盖测试条件所需的测试用例，以及所需测试环境的要求。与测试分析不同，测试人员在测试设计阶段主要是（通过测试用例）确定如何测试。

测试用例主要包括输入和预期结果。此外，它们还可以包含必要的操作（测试步骤）及测试执行的前置条件和后置条件。根据所选择的测试依据和测试过程，测试人员可以使用不同的测试设计技术来设计测试用例（见 5.3 节）。

特别是嵌入式系统，它总是为在特定环境中的使用而创建的。如果真实的测试环境（如真实的车辆）不可用，则测试人员需要一个虚拟测试环境（见第 4 章），以便对测试对象的真实环境进行模拟。通过这些虚拟环境，测试人员能够触发测试对象并观察其行为。由于测试环境取决于测试类型（功能性 / 非功能性）和测试级别，因此测试人员必须明确测试环境的最终要求。

3. 测试实现

在测试实现过程中，测试人员根据需求创建或更新测试环境，并整理测试执行所需的测试用例。一旦测试所需的一切准备就绪，测试实现即告完成。

在整合测试用例时，测试人员不仅必须考虑要执行的新测试，还必须考虑确认测试（再测试）和回归测试。他们会将选定的测试用例按所需顺序排列在测试规程中。因此，除了考虑测试用例之间的依赖性之外，还要考虑测试用例的优先级和有效的顺序。如果是为了自动测试执行计划测试序列，测试人员还将创建相应的测试脚本。

---

① 测试依据：所有可用作测试分析和测试设计基础的信息。例如，包括规格说明、代码和测试人员在其他项目的经验以及与其他系统打交道的经验。

2.2.3 测试管理

测试管理包括测试规划、测试监督和控制及测试结束相关各项活动。测试管理的任务是有针对性地协调所有测试活动和管理过程中生成的工件（制品）。为此，在考虑可用资源（时间和预算）的情况下，调整测试活动，以尽可能好的方式实现项目目标（如质量目标）。

在传统的开发模型（如 V 形模型）中，这些任务通常由测试经理（或测试负责人、测试协调员）负责。然而，在轻量级、敏捷的开发模型（例如 Scrum）中，这些任务的很大一部分是由开发团队承担的。在实践中，也存在混合形式（例如在混合项目管理的背景下），测试经理和敏捷团队共同分担测试任务。

1. 测试规划

作为测试规划的一部分，测试经理（或开发团队）在测试规划中需要定义测试目的和测试过程。这里的测试目的和测试过程都取决于项目上下文。例如，当修改车辆模型（使用许多相同部分）时，他会选择与完全重新开发（使用全新的概念和技术）不同的方法。

测试规划是一项持续的活动，因为测试经理会随着项目的进展不断完善他的方法，并适应不断变化的框架条件。他通过对测试活动的持续监督来收集反馈信息。

2. 测试的监督和控制

在测试监督和控制中，测试经理（或开发团队）不断地将实际测试进度与计划的测试进度进行比较。为此，他会使用在测试计划中已定义的度量进行监督。测试经理会评估这些度量值并将它们整合到测试进度报告（也称为测试状态报告）中。在测试监督和控制的背景下，如果出现偏差，测试经理将会采取措施来实现测试目的并满足测试结束准则。

3. 测试的结束活动

一旦达到测试结束准则[①]，即进入编写测试完成报告阶段，测试经理（或开发团队）就可以结束单个测试活动或整个测试过程。作为测试结束活动的一部分，他将收集所有结束的测试活动信息，并将其整合到测试完成报告中。测试结束可能发生在如下活动的结束时。

（1）某个项目的结束。

（2）某个项目里程碑（例如，作为软件发布的一部分，见 2.3 节）的结束。

（3）某个测试级别（如系统验收）的结束。

（4）项目中的某次迭代（例如，在 Scrum 中的冲刺评审 Sprint Review）的结束。

测试的结束还包括存档或归档，以及导致测试完成（从而进入发布建议阶段，见 2.3

---

① 测试结束准则：是一组作为正式完成给定任务的条件 [ISTQB]，例如，测试用例完全覆盖了需求或执行了所有的测试用例。

节）的所有测试件 ① 的移交，包括在测试过程中产生的工作结果。当在提出损害索赔要求的情况下，即使在测试的产品投放市场数年后，企业仍有可能证明其更早的测试结果。

此外，作为测试结束活动的一部分，测试团队经常参与对过去测试活动的回顾。虽然最终测试报告的重点是测试对象，但测试过程本身却是回顾的重点：可以为未来的测试活动总结经验教训和提供最佳实践。

2.3　系统生存周期中的测试

每个系统，无论是类型还是规模，都有一个生存周期。这涵盖了从概念到报废的 6 个阶段（见图 2-2）。产品开发过程（PDP）涵盖了从概念到生产的各个阶段。

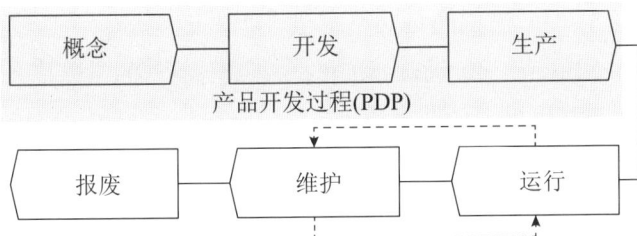

图 2-2　根据 ISO 24748-1[ISO 24748] 的系统生存周期阶段

测试人员的主要活动发生在开发阶段，但测试人员也参与了大多数其他阶段的活动。

1. 概念

系统生存周期的开始是概念阶段。在这一阶段，会对市场研究进行评估，收集初步的系统需求，并制定初步的解决方案。在这个早期阶段，测试经理已经定义了相应的测试过程。此外，他还参与确定功能的优先级并规划实施顺序，例如，某个功能是测试或发布的先决条件。

2. 开发

在开发阶段，系统的开发是为了满足利益相关方的需求和期望。这一阶段也是测试人员的主要工作阶段——从分析测试依据直到发布建议。

在产品开发过程中，项目通过发布（release）[ZVEI 2016] 来实现项目目标或达到某个里程碑。从此时开始，发布对象满足了其使用和目的所需的成熟度。例如，过渡到生产阶段（批量认可）需要批准，但在此之前的开发阶段也需要类似活动，例如，在实车测试之前（车辆测试发布）。发布标准还取决于测试是在公共道路上（车辆行驶公共道路审批）还是在测试场地上进行。

发布对象或发布项包括实际测试对象（含软件、参数化数据，还可能包括硬件和机械部分）及随附文档。

---

① 测试件：在测试过程中产生的工作成果，用于测试中的计划、设计、执行、评估和报告 [ISTQB]。

发布过程（Release Process）应引导发布对象的发布。对于该发布过程，测试经理通过其测试完成报告提供以下重要信息。

（1）测试对象和其性能特性。

（2）已知错误。

（3）产品指标。

3. 生产

在生产阶段，系统被制造并在生产结束时进行测试。随着生产开始（Start of Production，SOP），开发阶段也随之结束，从而测试人员的主要工作也随之完成。然而，在实际生产过程中仍要进行测试：无论是在供应商的生产线末端，还是在车辆制造商的生产线末端。

在生产线末端测试中，测试的目的是提供证据，证明部件、总成、ECU（Electronic Control Unit，电子控制单元）和（子）系统的安装及与整车的集成是成功的。例如，生产线末端测试可以检测到插头触点的连接故障。

4. 运行

在运行阶段，车辆用于为用户提供服务和价值。这也包括确保这些服务持续进行的所有措施（如为高压存储器充电或为油箱加油）。

在这个阶段，测试往往是无法直接感知的。例如，实地监测是在用户不知情的情况下进行的。这里的实地监测包括在实际运行中测试车辆，以确保其符合适用法律 [KBA 2020]。

此外，用户也会发现运行中的问题（指未满足的需求），这也是为什么错误管理过程在此阶段仍将继续的原因之一。在这个阶段，通常有质量保证（Quality Assurance，QA）人员负责错误管理，他们评估车辆运行时的问题和不足，并启动纠正措施。车辆故障和错误的实际修复属于车辆计划内或计划外维护的一部分。对于连接到互联网的车辆，在运行中断期间也可以进行软件更新。

5. 维护

在维护阶段，要提供物流、维护和支持服务，使车辆能够持续运行。该阶段与运行阶段循环交替。在典型情况下，维护阶段意味着在维修车间对车辆定期进行保养服务。此外，嵌入式软件的维护与开发并行进行。

除了分析和更换易损件外，车间员工还测试和分析车辆的功能。ECU 将运行过程中发生的失效（可能未被用户注意到）存储在其故障（信息）存储器中。车间员工可以读取这些信息，并通过分析错误模式得出关于 ECU、执行器或传感器故障的结论。

更换磨损或有故障的零件后，要进行维护测试。维护测试有以下两个主要目的。

（1）通过更换有故障的零件（带有"缺陷"）来确认故障的表现（即"失效"）已获得

纠正（类似于开发中的确认 / 再测试）。

（2）确认车辆在经过任何改装和拆卸 / 重新组装后，其性能保持不变（类似于开发中的回归测试）。

6. 报废

报废阶段的目的是将车辆及相关服务从流通中撤出。这主要涉及回收过程，如拆卸车辆和分离材料以供重复使用。在这个阶段中的测试并不常见。

2.4 测试维度

通过测试过程，测试经理确定如何以最有效的方式实现既定的测试目的。从专业角度来看，他必须考虑以下三方面。

（1）确定测试级别，决定在哪里进行测试。

（2）描述测试类型，说明测试的必要性。

（3）定义测试技术，规定如何设计或执行测试。

大多数测试类型和测试技术在所有测试级别都是可用的。测试技术通常也可用于不同测试类型。根据测试目的和上下文的不同，会产生各种可能的组合选项，这些选项或多或少会影响有效和高效地实现测试目的。

2.4.1 测试级别

每个测试级别代表测试过程的具体实例化（见 2.2 节）。测试级别的主要区别特征（部分是命名的区别）是所考虑的测试对象和相关的开发活动。

图 2-3 显示了带有测试级别的通用 V 形模型，其特别关注软件开发阶段和活动，但并不是对现实的详细和精确描述。

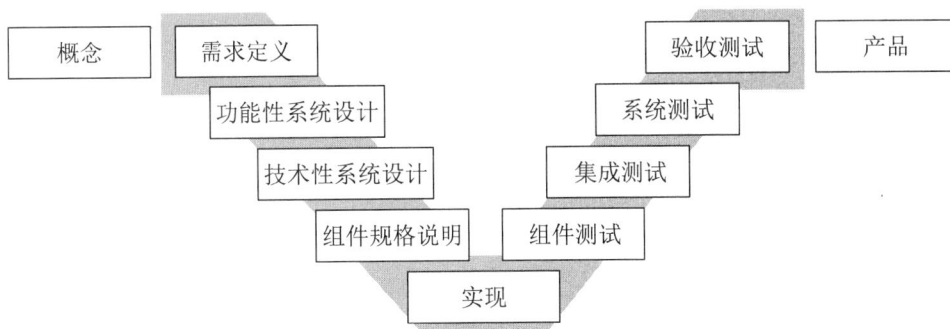

图 2-3 带有测试级别的通用 V 形模型的开发

V 形模型在车辆开发中会有多种变化。对于测试人员要特别注意以下两方面。

（1）对于每个开发活动（左侧），都有一个相应的测试活动（右侧）。因此，这里显示的测试级别的数量在现实中可能有所不同。特别是对于包括车辆在内的非常庞大和复杂的系统，功能性和技术性的系统设计需要多个步骤。因此，集成和系统测试也相应要进行多次。

（2）测试级别位于 V 形模型的右侧，这表明所有的测试活动只有在实现之后才能进行。事实上，只有测试执行才是在实现后才能运行的。测试准备可以且应该与 V 形模型左侧的开发活动并行进行。

根据 CTFL（基于通用 V 形模型）的测试级别与根据 Automotive SPICE [VDA 2017] 和 ISO 26262 [ISO 26262:2018] 的测试级别的详细比较见 3.4.2 节。

1. 组件测试

组件测试（也称为单元测试或模块测试）侧重于组件。严格地说，组件是系统中最小的可测试单元。例如，在软件系统中，组件是编程语言 C 语言中的单个函数，而在编程语言 Java 中是单个类。在硬件系统中，最小的可测试元素是单个元器件（如电阻器、电容器、集成电路）。

在汽车行业，ECU（从 OEM 的角度来看）通常也被称为组件（另请参阅第 4 章中的组件 HiL）。然而，这种名称具有误导性，因为从供应商的角度来看，ECU 是一个（有时是非常复杂的）系统。毕竟，ECU 由许多软件组件及许多电气和机械部件组成。因此，ECU 的测试严格来说是一种系统测试。

2. 集成测试

集成测试的重点是集成测试元素之间的接口及其交互。根据测试对象不同，ISTQB® 的基础级[①] 将集成测试分为如下的组件集成测试和系统集成测试。

（1）在组件集成测试中，测试元素是被集成组件之间的接口和交互。

（2）在系统集成测试中，测试元素是被集成系统之间的接口和交互。

相应的技术性系统设计提供了所需的测试依据，如架构和接口规格说明。

在实践中，系统测试和集成测试之间经常没有明确的界限。即使在一个成功的系统测试之后可以假设元素的集成是成功的，但这还不是集成测试，因为没有明确考虑各元素之间的接口。

这里不应将集成测试与集成策略混为一谈。集成测试评估集成元素之间的接口和交互。而集成策略决定了测试人员如何构建一个完整的系统。以下三种集成策略也广泛用于汽车行业的软件开发。

1）大爆炸式集成

在大爆炸式集成策略中，系统的所有元素都被完全集成并投入运行。在组件测试中未发现的缺陷，可能在这里会导致大爆炸。当组件和接口中未检测到缺陷的风险较低时，通常会使用此策略。

---

① 根据 ISTQB 基础级对集成测试级别的划分与根据 ASPICE 的划分有部分是不同的（见 3.4.2 节）。

2）增量集成

在增量集成策略中，单个组件首先被集成到子系统中并进行测试。只有在测试成功后，才能添加其他组件或子系统。重复此操作，直到系统的所有组件完全集成。这种策略通常用于顺序软件开发模型（如 V 形模型）。

3）持续集成

持续集成是一种迭代集成策略，将组件持续集成到系统中。这使开发人员能够快速观察到组件更改后对系统行为的影响。这种策略经常用于敏捷软件开发模型（如 Scrum）。

3. 系统测试

系统测试主要追求对系统进行整体验证的测试目的，即测试系统是否满足规定的需求。供应商在这个测试级别结束时，通常会在其内部发布产品，以便移交给 OEM。

系统由一组相互作用的元素组成，这些元素被组织起来以服务于一个共同的目的。例如，车辆本身是一个用于运输人员和物体（如行李）的系统。然而，车辆的制动系统也是一个系统，它的目的是使车辆减速。与集成测试一样，系统测试可以根据各自系统边界划分为若干系统测试。在车辆开发过程中，经常会遇到以下 5 类不同的系统测试。

1）联网车辆的系统测试

测试集成到其系统环境中的车辆。例如，所有在欧盟注册的新车都必须配备用于紧急情况下的移动通信（eCall）[EU 2019]。为了实现这项服务，车辆必须连接到移动网络，并在紧急情况下与救援控制中心建立连接。

2）车辆配置中的整车系统测试

整车及所有组件和（子）系统的测试。这使得评估在虚拟或真实环境和驾驶情况下软件、电子、机械之间的相互作用成为可能。

3）车辆子系统的系统测试 [①]

对整车特定功能范围所需的子系统进行测试。例如，子系统可以是驱动系统。测试该系统时，只需安装驱动车辆所需的控制单元和组件。

4）ECU 的系统测试

ECU 也由各种软件和硬件组件组成，故而也被错误地称为组件测试（见上文组件测试）。该测试通常作为供应商发布过程的一部分。测试的结果是制造商发布产品的依据。

5）软件的系统测试

对于由所有软件组件组成的软件系统的测试。如果存在虚拟基础设施，甚至可以使用随后分布在多个 ECU 上的软件组件来进行测试。

4. 验收测试

验收测试主要评估客户是否能够接受系统。通常，其重点是确认，即系统是否满足客

---

① 一些汽车制造商根据其与信息娱乐、底盘或动力总成等领域的逻辑关系对汽车功能进行分组。

户的期望并实现其目的。根据 CTFL，验收试验主要也有如下 4 种不同的类型。

1）用户验收测试

在典型的客户项目中，产品的用户设定了产品的需求，并接受了该产品。与此相反，车辆的开发是一个市场项目。在这里，机构或企业的代理代表着未来最终客户的利益。例如，用户验收通常由这些代理负责。

2）运行验收测试

在开始生产和销售新车型之前，需要经过生产车间（生产）和维修车间（维修）的验收（发布）。这里的重点是可生产性（在生产中）和可维护性（在车间中）。例如，对于生产而言，可能感兴趣的是，在生产线上清楚地标记部件的变体，以防混淆。另外，对于车间来说，在没有特殊辅助工具的情况下能轻松定位和纠正部件故障是很重要的。

3）监管验收测试

这类验收测试验证系统是否符合法律、法规和准则。例如，在德国，车辆在公共道路上的运行需要获得类型批准（由德国联邦机动车运输管理局）和车辆专用道路准许（由主管机动车登记部门颁发）。除其他外，该批准也是基于 TÜV 或 DEKRA 等独立机构进行的测试（例如，根据 ECE-R13 对制动系统进行的认证[①]）而授予的。

4）合同验收测试

这种类型的验收测试通常是在委托合同方开发和交付部分内容的情况下发生的。合同验收测试包括与车辆制造商合同约定的供应商的测试范围（例如，精确定义的电磁兼容性的测试用例）。只有在进行了这些合同约定的测试并且满足了合同约定的验收标准（测试结束准则）时，车辆制造商才会验收交付内容。

2.4.2　测试类型

测试类型是基于特定测试目的的测试活动集，主要是测试组件或系统的指定特性。因此，测试类型描述了测试的目的。可以有如下不同的测试目的。

（1）通过功能测试评估功能质量特性。

（2）通过非功能测试评估非功能质量特性。

（3）通过结构测试（白盒测试）评估结构质量特性。

（4）通过变更相关测试评估变更。

可以在所有测试级别执行所有这些测试类型。然而，在实践中，针对具体情况的测试策略应尽可能有效地实现目的。例如，开发人员倾向于将结构测试作为组件测试的一部分，而不是在更高的测试级别上进行。另外，车载电气系统架构的性能只能在系统测试中评估，因为只有在系统测试中才使用影响通信的所有控制单元。

---

① 此认证是跨国家的机动车辆和车辆零件登记系统。

1. 功能测试

功能就是系统的作用，它旨在处理信息（例如，导航系统计算到达目的地路线的功能）或执行任务（例如驱动系统加速车辆的功能）。功能测试由测试人员执行，以评估组件或系统的功能。根据 ISO/IEC 25010[ISO 25010]，功能性包括以下各方面（功能性的子特性）。

（1）功能完备性测试：确定功能范围涵盖所有规定任务和用户目标的程度。

示例：巡航系统满足 100% 的功能性需求（验证）。

（2）功能正确性测试：确定产品或系统以所需的精度提供正确结果的程度。

示例：在指定的公差范围内进行计算。

（3）功能适合性测试：确定功能促进完成特定任务和目标实现的程度。

示例：巡航系统适合预期用途（确认）。

功能测试通常基于功能性需求，这些功能性需求可以是自然语言的形式，也可以是模型的形式（如 UML 活动图）。根据测试人员的经验，他们可以从对测试对象的直觉和期望中导出功能测试。

2. 非功能测试

与功能测试不同，非功能测试考虑系统的运行情况。例如，这包括以足够快的速度和可靠性进行计算。非功能测试总是以实际功能为前提。

根据 ISO 9000，质量是"对象（产品或服务）的一组固有特性，满足了要求和期望的程度"。ISO/IEC 25010[ISO 25010] 提供了软件和系统质量特性的一个通用模型。为了评估软件质量特性的合规程度，可以使用以下几类非功能测试。

（1）性能效率测试：评估时间行为和资源利用率等方面。

示例：测试处理速度和 CPU 利用率。

（2）兼容性测试：评估共存性和互操作性等方面。

示例：测试新功能是否会干扰现有功能，是否可以与其他功能交换数据。

（3）易用性测试：评估易学性和易访问性等方面。

示例：评估是否提供了足够的帮助信息，以及是否遵守了统一的风格指南。

（4）可靠性测试：评估可用性和稳健性（容错性）等方面。

示例：模拟多年使用寿命的耐久测试，或评估在故障数据时的功能行为的逆向测试。

（5）信息安全测试：（在访问保护方面）评估信息的真实性和完整性等。

示例：测试是否可以将未经验证的软件加载到控制单元上，或者未经授权的访问是否被拒绝。

（6）维护性测试：评估模块化和易分析性等方面。

示例：通过代码评审或静态代码分析来评估软件结构。

（7）可移植性测试：评估易安装性和适应性等方面。

示例：测试功能是否适应车辆配置，或者软件是否也可以安装在旧版本的硬件上。

除了 ISO/IEC 25010[ISO 25010] 中列出的质量特性外，可能还有其他产品或行业特定的质量特性。例如，功能安全的质量特性。还有一些标准和规范对个别质量特性提出了具体要求。例如，ISO 26262[ISO 26262:2018] 就包含功能安全的要求。

非功能测试通常基于非功能需求，一般采用自然语言形式。此外，测试人员的经验起着非常重要的作用。许多所谓的测试规则和测试标准都是根据测试人员多年的经验制定的。

3. 结构测试（白盒测试）

结构测试（也称为白盒测试）基于组件和系统的内部结构或实现。根据测试级别的不同，结构可以是代码、架构、菜单结构或工作流。

与功能性和非功能性测试相比，结构测试不针对外部行为，而是针对结构质量特性，如语句或判定的完全覆盖。

> **示例**
>
> 以下示例说明了结构测试的必要性。你将发布用于批量生产的创新制动系统，有功能测试和耐久测试的测试报告，未发现影响发布的错误。根据这些信息，似乎没有任何阻碍发布的因素。
>
> 但后来你碰巧从一位软件开发人员那里了解到，到目前为止，测试只执行了 30% 的程序代码。根据开发人员的说法，之前未经测试的语句就是软件中可能的异常处理所需的代码部分，带着这些新获得的信息，你还会发布这样一个关键系统吗？

4. 与变更相关的测试

对组件或系统进行变更是为了更正缺陷及添加或更改功能。如果发生此类变更，测试人员应执行与变更相关的测试。以下是两类与变更相关的测试。

（1）确认测试，以评估先前发现的失效在纠正后是否不再发生。为此，将再次执行由于缺陷而失败的测试用例。

（2）回归测试，用于评估变化（例如，由于新功能或纠错）是否对现有性能特性产生负面影响，即导致回归（回归是一种错误）。

与变更相关的测试，通常基于现有测试用例的集合。这意味着测试人员通常不会设计新的回归测试和确认测试，而是从现有的测试用例中选择。在回归测试中，只有根据影响分析后才有必要设计进一步的测试用例。

2.4.3 测试技术

测试技术描述了测试人员如何设计或执行测试，他们可以使用静态测试技术和动态测试技术。

1. 静态测试（5.2节）

（1）静态代码分析（5.2.1 节）。

（2）评审（5.2.2 节）。

2. 动态测试（5.3节）

（1）基于规格说明的测试（5.3.1 节）。

（2）基于经验的测试（5.3.2 节）。

（3）基于结构的测试（5.3.3 节）。

（4）针对测试执行的测试技术（5.3.4 节）。

术语"基于结构的测试"同时代表测试技术和测试类型。这是因为基于结构设计的测试（测试技术）也追求结构覆盖（测试类型）的目标。相反，除了基于结构的测试技术外，还可以进行静态分析来评估结构质量。这意味着，所有测试技术通常适用于多种测试类型和多个测试级别。

第3章 标准和规范

标准和规范是一套正式的规则，使用户都能按照统一的要求工作。它们影响项目的时间、成本、质量、项目风险和产品风险等关键方面。此外，它们还通过以下几种方式提高过程的效率（例如，在保证质量的同时减少开发时间和成本）。

（1）统一命名。

（2）提高透明度。

（3）便于协作（内部和外部）。

（4）增加可复用性。

（5）经验的累积（最佳实践）。

标准和规范描述了公认的"技术规则"。作为行业标准，它们的应用甚至可以是强制性的（例如 ISO 9001），并作为审计的基础。这使专家（审核人员）能够评估产品或过程的质量，并确定其是否符合要求。标准往往是以正式的标准文件呈现的，因为它们必须经过发布机构的标准化过程（通常持续数年）才能发布。另外，标准在实践中存在多种不同的形式（例如公司和行业标准）。

尽管标准最初通常是国家级文件，但如今它们常常是国际化文件。一般将国际标准翻译成本国语言，继而成为国家标准。发布标准的知名组织包括德国标准化协会（DIN）、国际标准化组织（ISO）和美国汽车工程师学会（SAE）。标准和规范通常针对特定行业（例如航空、汽车）。最著名的标准之一是 ISO 9001 质量管理标准，该标准也有德语翻译版本。

标准和规范的应用通常是自愿的，但它们往往是合同或监管条例和要求的一部分。具有强制性口语化的"标准"通常不是真正意义上的标准，而是法律法规（例如，关于排放标准欧 5 和欧 6 的 EC 第 715/2007 号法规）。有许多标准和规范规定了产品开发的要求。这些标准和规范通常强调开发的不同方面（如质量标准、工艺／过程标准、测试相关标准）。

表 3-1 给出了可能与测试人员相关的车辆开发标准和规范的示例。

表 3-1 与测试人员相关的车辆开发标准和规范的示例

标　　准	标　　题	发布年份
质量 / 质量管理		
DIN EN ISO 9001	质量管理体系—要求	2015
IATF 16949	汽车行业生产件与相关服务件的组织实施 ISO 9001 的特殊要求	2016
过程		
ISO/IEC 33004	信息技术 - 过程评估 - 过程参考、过程评估与成熟度模型的要求	2015
ISO/IEC 33020	信息技术 - 过程评估 - 过程能力评估的过程度量框架	2019
ASPICE	汽车行业软件过程改进和能力评定——RELEASE 3.1	2017
ISO/IEC/IEEE 12207	系统和软件工程——软件生命周期过程	2017
DIN EN 61508	电气 / 电子 / 可编程电子安全相关系统的功能安全	2011
ISO 26262	道路车辆功能安全	2018
ISO/PAS 21448	道路车辆预期功能安全	2019
ISO/SAE 21434	道路车辆信息安全工程	准备中
UAE J3061	SAE J3061 信息物理汽车系统网络安全指南	2016
诊断		
ASAM MCD-2 D	ECU 诊断的数据模型	2008
ISO 14229	统一诊断服务	2012—2020
测试		
ISO/IEC/IEEE 29119	软件和系统工程 - 软件测试	2013—2016
ISO 11452	道路车辆 - 电气 / 电子部件对窄带辐射电磁能的抗干扰性试验方法	2002—2019
ISO 16750	道路车辆电气电子设备的环境条件和试验	2010—2018
架构		
AUTOSAR	汽车开放系统架构	2019
ISO 11898	控制器局域网	2004—2016
编程规范		
MISRA	C 编程规范	2013

说明：标准的当前有效版本出版年份（截至 2020 年 5 月）。

以下章节详细地介绍了对测试人员特别相关的三个标准和规范。

（1）3.1 节中的 ASPICE [VDA 2017]。

（2）3.2 节中的 ISO 26262 [ISO 26262:2018]。

（3）3.3 节中的 AUTOSAR [AUTOSAR 2019a]。

本书从测试人员的角度涵盖了 ASPICE 和 ISO 26262 等主题；但它不应该也不能取代作为 ASPICE 评估师或安全经理的专门培训。

3.1 Automotive SPICE

ASPICE 是一个过程成熟度模型，定义了汽车行业产品开发过程的要求。汽车制造商使用它来评估其供应商的开发过程，供应商反过来使用它来改进其内部过程。

过程改进基于这样一种假设，即产品的质量（无论是系统还是软件）也取决于开发过程的质量。开发过程越成熟，获得高质量产品的概率就越高。过程成熟度模型提供了一种改进方法。它们可以帮助组织评估其过程的成熟度，并提出改进意见。

从 2001 年开始，软件过程改进和能力测定的用户组，代表德国汽车制造商的制造商倡议软件（Hersteller Initiative Software，HIS）组织专门为汽车行业开发了汽车 SPICE 过程改进模型，简称 ASPICE。ASPICE 最初基于国际标准 ISO/IEC 15504[①][ISO 15504]，通俗地说，也被称为 SPICE。ASPICE 自 2005 年首次出版以来已在汽车行业广泛传播，迄今已经历多次修订。目前有效的 3.1 版 [VDA 2017] 由德国汽车工业协会（VDA）于 2017 年 11 月发布。[②]

为了更好地理解 ASPICE 的要求，需要了解过程评估模型的基本结构。这些基础知识可以在 3.1.1 节中找到。随后的 3.1.2 节重点介绍了 ASPICE 的测试要求。

3.1.1 构造和结构

ASPICE 由过程参考模型（Process Reference Model，PRM）和过程评估模型（Process Assessment Model，PAM）组成。过程参考模型定义了过程，而过程评估模型包含对各个过程的能力等级的要求。过程评估模型与过程的评估相关。它构成了项目评估的基础。过程评估模型包含两个维度：过程维度和能力维度（见图 3-1）。

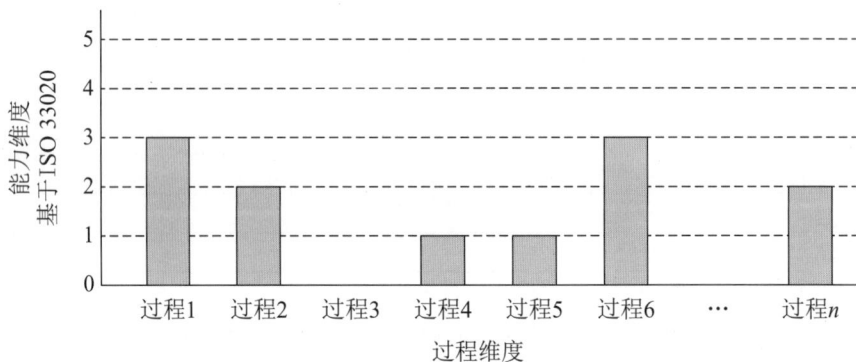

图 3-1 评估结果

在 ASPICE 过程评估模型的帮助下，评估师可以根据项目中过程的能力（能力维度）对其进行评估（过程维度）。图 3-1 展现了这种过程的评估。过程评估模型的两个维度构成了图形中的坐标轴。

每次评估都是项目的一个快照。评估结果反映了评估时项目过程的成熟度，并可能随着时间的推移而变化。

---

① ISO/IEC 15504 标准已被修订并转移到新的 ISO/IEC 330xx 标准系列。ASPICE 自 3.0 版本以来一直遵循新的 ISO/IEC 33004 标准。

② 因为德语书成书时，ASPICE 3.1 还是最新版本，但 2013 年 4.0 版本已发布了，所以为了尊重原著，以及还有大量项目都还在遵循 ASPICE 3.1 版本，本书依然以 3.1 版本为基准进行翻译。

1. 过程维度

在过程维度中，ASPICE 确定了参考过程，它们可作为比较、评估和改进自身过程的参考。对于每个过程，ASPICE 在其过程参考模型中不仅指定了名称和唯一的 ID，还规定了过程的目的和成功实施该过程后的预期结果。SWE.6 软件合格性测试过程的过程描述如附录 B.1 节中的示例所示。如果一个组织除了 ASPICE 之外还需要更多参考过程，可以从 ISO/IEC 12207[ISO 12207] 或 ISO/IEC 15288[ISO 15288] 中获取。

ASPICE 根据其活动的性质将所有参考过程总结为 8 个过程组。这些组依次归入生存周期内三类中的一类（见图 3-2）：主要生存周期过程、支持生存周期过程和组织生存周期过程。ASPICE V3.1 中所有过程的描述集中在表格中，见附录 B.2。

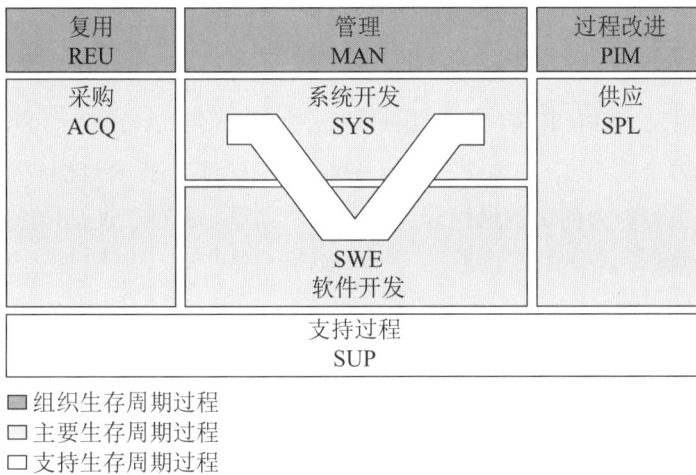

图 3-2　ASPICE 总结的过程组

主要生存周期过程： 是为企业创造价值的过程（所谓的核心过程），它由如下 4 部分组成。

（1）产品和 / 或服务的采购（ACQ）。

（2）产品和 / 或服务的供应（SPL）。

（3）系统开发（SYS）。

（4）软件开发（SWE）。

测试人员尤其关注"系统开发"（SYS）和"软件开发"（SWE）的过程组。在这些过程中，ASPICE 设置了测试要求（见 3.1.2 节），测试人员必须在项目中满足这些要求。

支持生存周期过程（SUP）： 指支持核心过程和所有其他过程的这些过程。该过程组包括与测试人员相关的以下过程。

（1）配置管理（SUP.8）。

（2）问题解决管理（SUP.9）。

（3）变更请求管理（SUP.10）。

这里所列出的过程会影响测试人员和开发人员。例如，配置管理过程（SUP.8）要求测试人员根据配置管理计划提交其工作成果（如测试规格说明）。由于测试人员报告错误并验证更改，因此，了解问题解决管理（SUP.9）和变更请求管理（SUP.10）过程的要求对其是有帮助的。

组织生存周期过程：是支持企业目标的过程，它由如下部分组成。

（1）对于领导项目或过程的管理（MAN）。

（2）用于改进过程的过程改进（PIM）。

（3）系统和组件的再利用／复用（REU）。

组织生存周期过程主要与管理相关。例如，项目管理（MAN.3）和风险管理（MAN.5）的要求主要涉及测试经理，而不是测试人员。工作成果的复用也在系统和软件开发中发挥作用。这里，评估师偶尔也会考虑再利用／复用管理（REU.2）。

2. 能力维度

在能力维度中，ASPICE 定义了一组过程属性（Process Attribute，PA），用来描述上述过程的不同能力（成熟度）。每个过程属性都描述了控制和提高过程有效性的一个方面。过程属性提供了过程能力的可测量指标。对于每个过程，都存在过程特定指标和跨过程的通用指标。

ASPICE 在 PAM 中使用 ISO 33020 中定义的 0~5 个能力级别（见图 3-3），高级别建立在它下层低级别的基础上。

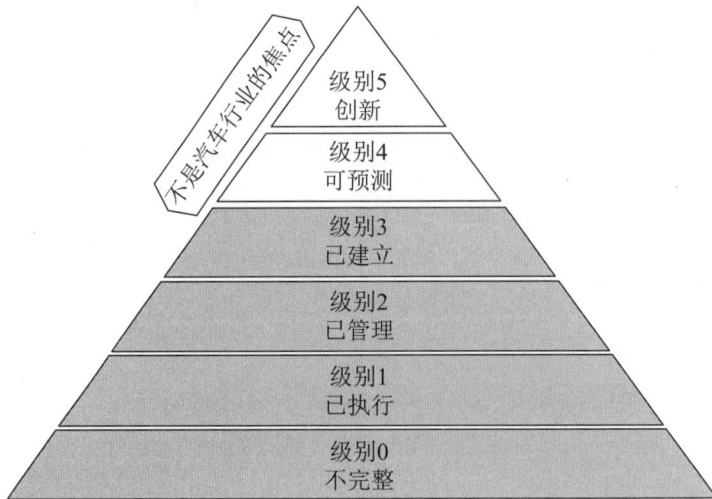

图 3-3　ISO 33020 能力级别

级别 0：不完整过程

不完整过程意味着没有或几乎没有证据表明过程的目的得到了实现。

级别 1：已执行过程

项目中已执行的过程实现了过程目的（尽管可能不是系统化的）。

级别 2：已管理过程

如果过程的执行是有计划和受监督的，那么项目有可控（即被管理）的过程。如有必要，它会根据目标调整执行过程。它定义了工作产品的规范，项目人员检查工作产品并发布。

级别 3：已建立过程

如果有一个组织范围内的标准化过程，并且在项目中应用它，那么项目就有一个已建立（标准化）的过程。该项目根据获得的经验不断改进过程。

级别 4：可预测过程

当项目中已建立的过程在定义的范围内运行以实现其过程结果时，项目具有可预测的过程。

级别 5：创新过程

如果为了实现当前或未来的企业目标而不断改进以前存在的可预测过程，则该项目具有不断优化的创新过程。

在实践中，制造商只使用级别 0 到级别 3 的能力，所以级别 4（可预测过程）和级别 5（创新过程）不属于本书和 CTFL-AuT 培训的部分。

根据能力级别的定义，评估师还不能对过程进行评估，其还需要"具体"的标准。因此，ISO 33020 为每个能力级别定义了特定级别的过程属性（见表 3-2）。这些过程属性反映了各个级别的不同方面，最重要的是，其指定了评估师可以用来评估过程成熟度的指标。

表 3-2　带过程属性的能力级别

能 力 级 别	过 程 属 性
级别 0	没有过程属性
级别 1	PA 1.1 过程实施
级别 2	PA 2.1 实施管理
	PA 2.2 工作产品管理
级别 3	PA 3.1 过程定义
	PA 3.2 过程部署

级别 0 没有过程属性。级别 0，即不完整过程，是每个过程自动达到的最低评级。评估师不需要任何指标。

对于级别 1，PA 1.1 过程实施的过程属性是衡量过程实现其目的的程度。ASPICE 使用如下两种类型的指标，分别为每个过程定义。

（1）基本实践（BP）：描述了要进行的过程活动。它们是过程描述的核心。

（2）工作产品（WP）：描述了执行过程产生的预期工作成果。

不同过程的基本实践和工作产品包含许多从典型开发过程中已知的活动和工作成果。事实上，基本实践是基本工作步骤。基本实践描述了应该做什么，如何做则由项目决定。原则上，级别 1 是为了让过程能运行。表 3-3 举例说明了 SWE.6 软件合格性测试过程的基本实践和工作产品。

示例项目 ULV

项目经理佩特拉为项目编写项目手册。她在此项目手册内提到了爱迪森电子公司众所周知并普遍采用的开发过程，该开发过程旨在开发电力传动系统，它采用了过去的最佳实践，并且已经满足了 ASPICE 3.1 过程的要求。

BEC 在项目开始时已宣布，它们将在一年后与自己的评估师一起进行评估。为了让项目团队做好外部评估的准备，佩特拉聘请了质量经理昆汀。为了帮助项目团队满足 ASPICE 的要求，昆汀与不同的开发小组一起举办了小型研讨会。在这些研讨会上，昆汀介绍了每个过程所需的基本实践和工作产品。以下是 SWE.6 软件合格性测试的清单示例（见表 3-3）。昆汀在他的检查表中统一采用了 ASPICE 的基本实践和工作产品的 ID，这使参与者能够更好地了解 ASPICE，并在必要时阅读有关这两个指标的更多细节。

表 3-3　针对 SWE.6 的检查表

ID	基本实践（BP）
SWE.6.BP1	为软件合格性测试制定包括回归测试策略在内的测试策略
SWE.6.BP2	为软件合格性测试制定规格说明
SWE.6.BP3	选择测试用例
SWE.6.BP4	测试集成软件
SWE.6.BP5	建立双向可追溯性
SWE.6.BP6	确保一致性
SWE.6.BP7	总结和沟通结果
ID	工作产品（WP）
08-50	测试规格说明
08-52	测试计划
13-04	沟通记录
13-19	评审记录
13-22	追溯记录
13-50	测试结果

昆汀在研讨会上要求从级别 1 开始，他希望在满足级别 2 的要求之前能打下牢固的基础。

在 SWE.6 的研讨会上，昆汀向测试人员提姆和测试经理托马斯解释说，他们必须能够证明 7 种必需的基本实践，并提供达到级别 1 所期望的工作成果。

具体来说，这意味着托马斯必须在提姆的支持下开发和记录软件测试的测试策略。托马斯已经为软件测试制定了测试策略（BP1，08-52），并在测试计划中对其进行了描述。

提姆必须有一个与软件需求相关的测试规格说明（BP2，08-50），并且是根据测试策略的规定而创建的（BP5，13-22）。这对提姆来说没有问题，该项目使用 ALM 工具，需求经理罗尔夫也是使用此工具收集、记录和管理需求。当提姆定义测试用例时，他还设置了与用此测试用例所要检查的需求之间的链接。到需求的链接是测试用例规格说明的一个强制性元素。

一旦提姆完成了测试用例的规格说明，他就会与罗尔夫一起对测试用例进行评审。罗尔夫评估测试用例覆盖相关软件需求的程度（BP6，13-19）。在该项目中还规定要求提姆只能在罗尔夫批准后才能运行测试用例。

提姆经常会执行一些不必要的测试，在经历这些痛苦经历后，他非常认真地对待项目中测试用例的选择。在计划中的测试执行之前，提姆从发布管理人员鲁迪那里获得最新的发布说明，并选择适当的测试用例（BP3，13-50）。

由于托马斯希望自动化所有的回归测试，他采购了一套测试自动化工具。在每次的回归测试中都执行已经自动化的测试用例，测试日志由工具自动生成（BP4，13-50）。

托马斯总结了测试结果。在项目状态会议期间，他定期将这些信息传达给项目管理层和开发管理层（BP7、13-50、13-04）。

ALM（Application Lifecycle Management，应用程序生命周期管理）工具通常由需求管理工具、测试管理工具、错误管理工具和配置管理工具等组成。

级别 1 代表对过程的直观理解，每个人都知道该做什么并去做。级别 2 是受控的已管理过程，是对级别 1 中运行的过程进行管理。为此，必须对过程活动和工作产品进行规划、监督和控制。级别 2 为了突出与级别 1 的不同，引入了如下两个过程属性。

（1）PA 2.1 实施管理：此过程属性是如何控制过程执行的一种衡量标准。

（2）PA 2.2 工作产品管理：此过程属性描述衡量该过程所产生的工作产品得到充分管理的程度。

为了评估项目是否同时管理过程活动和工作产品，ASPICE 定义了如下两种新类型的指标。

（1）通用实践：反映了过程属性的要求。

（2）通用资源：旨在支持该能力级别的过程执行。

通用实践和通用资源是为级别 2 的每个过程属性单独定义的。它们之所以被称为通用，是因为它们不是针对单个过程，而是适用于所有过程。

对于实施管理（PA 2.1）过程属性的通用实践考虑所有活动（包括基本实践）的规划（GP 2.1.2）、控制和监督（GP 2.1.3、GP 2.1.4）及涉及人员、工具和基础设施的资源管理（GP 2.1.6）（见附录 B.3 节）。此外，该通用实践还包含过程中涉及的所有各方（GP 2.1.5）的权利、义务和资格的描述和过程间接口管理（GP 2.1.7）。这些通用实践是与项目中的所有管理人员都相关的。在某经理开始规划之前，GP 2.1.1 就要求他思考过程执行的目的。例如，项目中的过程是否应该完全按时、按量地进行，或者这只是一个客户满意度至上的政治项目？这对活动和资源的规划和管理会产生影响。PA 2.1 的通用资源包括用于支持过程执行的工具和其他资源。例如，这包括项目管理工具或通信工具（如电子邮件）。

对于工作产品管理（PA 2.2）过程属性的通用实践定义了工作产品规划、控制和监督的要求。这些要求对所有项目工作人员都很重要，因为他们需要知道他们制作的工作产品必须包含哪些内容（GP 2.2.1）。此外，项目经理或质量管理人员必须定义谁制作工作产品、谁检查工作产品、通过什么分派渠道分发，以及他们将存放在哪里（GP 2.2.2）。仅定义工作产品内容和文档管理的要求是不够的。最终，还必须在项目中创建工作产品（GP 2.2.3）并进行评审（GP 2.2.4）。在这里，所有项目工作人员都被要求作为自己文档的作者和其同事文档的评审人员。PA 2.2 的通用资源包括文件管理工具、配置管理和评审工具。

级别 3 是已建立过程。在级别 2 对过程进行控制和管理后，级别 3 是创建一个组织范围内的过程，并将其应用于项目中，同时在组织的项目过程执行中学习和完善。与级别 2 一样，ASPICE 分别为 PA.3.1（过程属性 3.1）和 PA 3.2（过程属性 3.2）这两个属性定义了如下通用实践和通用资源（见附录 B.3 节）。

（1）PA 3.1 过程定义：此过程属性是对标准过程的定义程度的衡量，以支持项目特定过程的执行。

（2）PA 3.2 过程部署：此过程属性是衡量标准过程在项目中有效应用以实现其过程结果的程度。

从本质上讲，PA 3.1 的通用实践需要一个正式的过程定义，因此，必须描述项目中的活动和调整活动的规则（GP 3.1.1）。对于每个过程，必须指定过程步骤的顺序，以及与其他过程的关联（GP 3.1.2）。过程描述还包括标准过程执行中涉及的角色及其权利和义务的定义（GP 3.1.3）。GP 3.1.4 要求对开展活动所需的工作环境和基础设施进行规格说明。级别 3 的一个重要方面是从项目经验中学习和总结。因此，ASPICE 要求定义一种机制，通过该机制可以对过程进行反馈（GP 3.1.5）。支持此过程属性的通用资源包括过程建模工具或过程培训材料。

PA 3.2 的通用实践检查定义的过程是否也已在项目中实施。评估师查看过程步骤的一致性。同时，他还要求对特定项目的过程进行调整（GP 3.2.1）。项目经理必须向其员工分配他们在项目中的角色并进行沟通（GP 3.2.2）。此外，他还负责根据职责要求（GP 3.2.3）对员工进行资格认证。GP 3.2.4 和 GP 3.2.5 要求提供必要的资源、信息和基础设施，以实施规定的过程。GP 3.2.6 要求从项目所获的经验对过程定义积极反馈，例如，以收集过程执行中指标的形式。该反馈回路旨在提高标准过程的质量和效率。PA 3.2 的通用资源包括反馈机制、知识管理系统或资源管理系统。

项目工作人员通常不参与定义过程。过程定义是中央核心过程部门的任务。但是，项目工作人员必须了解与他相关的已定义过程，并将其应用于项目中。即使他没有参与定义，他仍然可以根据他的项目经验对过程进行反馈和提出改进建议。

3. 过程评估

自 ASPICE 3.0 版本起，ISO 33020 就成为评估过程能力的基础。过程属性的评估基于指标的实施程度。实施程度可以使用 NPLF[①] 进行度量分类。

N（未实现）：没有实现过程属性（0% ≤过程属性实现 ≤ 15%）。很少或根本没有证据表明在评估过程中实现了定义的属性。

P（部分实现）：部分实现过程属性（15% ＜过程属性实现≤ 50%）。有迹象表明，采用了合理的系统化方法，并在评估过程中实现了定义的属性。然而，有些结果可能难以评估。

L（大部分实现）：大部分（基本）实现了过程属性（50% ＜过程属性实现≤ 85%）。有迹象表明，采用了合理的系统方法，并在评估过程中很大程度上实现了所定义的属性。但是，过程的性能在某些区域或业务单元中有所不同。

F（完全实现）：完全实现过程属性（85% ＜过程属性实现≤ 100%）。有迹象表明，采取了一种完整和系统的方法，并且在评估过程中完全实现规定的属性。所界定的组织单位没有重大弱点。

评估师使用 NPLF 量表评估项目中每个关注过程的每个单独过程属性。评估师可以使用 ISO 33020 中的表格（见表 3-4）来确定过程的能力级别（成熟度）。为了使过程达到所期望的能力级别，必须在所期望的能力级别的所有指标至少大部分都已实现（L）。同时，所有较低能力级别的指标都必须完全实现（F）。

表 3-4　能力级别推导表

级　别	PA 1.1	PA 2.1	PA 2.2	PA 3.1	PA 3.2
3				L/F	L/F
2		L/F	L/F	F	F
1	L/F	F	F	F	F

评估师可以使用两种形式来呈现评估结果。一方面，可以展现每个过程所达到的能力级别，例如，以柱状图的形式（见图 3-1）。另一方面，它可以展现对单个过程属性的评估（见图 3-4）。这为被评估的项目提供了更多关于其优势和劣势的信息。

	PA1.1	PA2.1	PA2.2	PA3.1	PA3.2	PA4.1	PA4.2	PA5.1	PA5.2	级别
过程1	F	F	F	F	L					3
过程2	F	L	F							2
过程3	P									0
过程4	L									1
过程5	F									1
过程6	F	F	F	L	L					3
⋮										
过程n	F	F	L							2

图 3-4　评估结果的描述

[①]　作为 ISO 33020 拓展的一部分，引入了一个改进的可选评级量表。这在附录 B.4 节中列出。

示例 项目ULV

外部评估

正如所宣布的,BEC在一年后提交报告,计划进行为期5个月的评估。BEC首先自主进行评估,昆汀担任本地评估协调员。他与佩特拉一起确定各个过程的访谈人员,并准备好了访谈的会议室。此外,昆汀还计划与评估师和项目团队一起举行一次启动会议,并计划了针对评估结果展示的日期。

在评估过程中,昆汀作为观察员出席了每次的访谈。这样,他可以帮助解决出现的问题,并对评估有直接的印象。

评估结果

尽管测试团队从一开始就被告知ASPICE目标(所有过程的2级),但结果并不像预期的那样理想(见图3-5)。由于项目中的时间压力很大,并非所有测试人员都在执行测试之前评审其规格说明,因此,许多测试用例缺乏与需求一致性的证据。此外,测试环境的交付中也遇到了各种瓶颈,测试人员无法按计划执行所有测试。

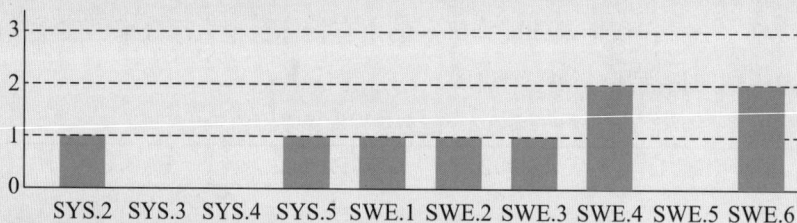

图3-5 评估结果摘要

改进措施

根据外部评估的结果和昆汀在访谈中所做的笔记,他制定了一系列改进措施,并按严重程度和短期/中期/长期可实现性对这些措施进行了分组。他与佩特拉讨论了这些措施,并对它们设置了执行优先级的顺序。他们希望从级别0开始,因为这是开发的最大风险所在。他们一起向BEC提交改进措施清单,并最终确定措施,以及措施必须实施的日期。BEC希望每月提交一份进度报告,并保留在6个月内进行重新评估的权利。

3.1.2 测试要求

ASPICE在其过程评估模型中定义了5个测试级别的5个测试过程。通用的V形模型可以很好地说明系统开发和软件开发及测试之间的关系。V形模型中左边排列的过程提供了测试依据,而V形模型右边的过程描述了相应的测试活动(见图3-6)。SYS.5系统合格性测试等过程包括所有相关活动。但图中并没有给出测试人员何时执行这些活动的时间安排。例如,在系统集成测试完成后才执行系统合格性测试,但是测试人员可以在创建测试依据后就可以开始着手系统合格性测试的测试设计。

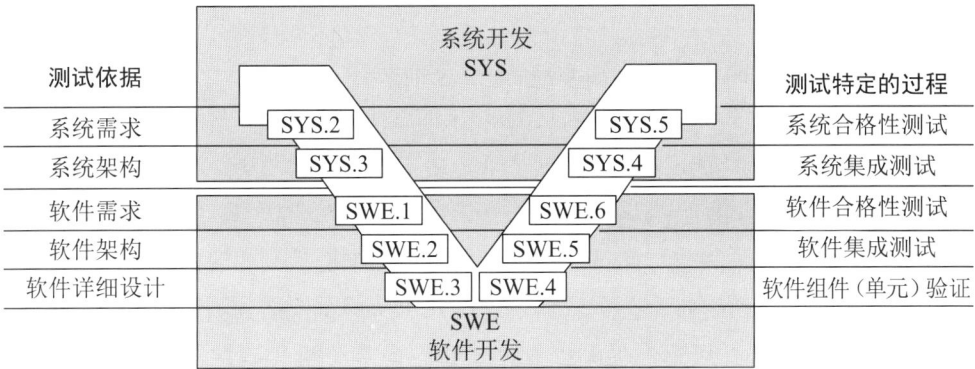

图 3-6 软件和系统开发的测试过程 [①]

（1）软件组件（单元）验证（SWE.4）：根据软件的详细设计（SWE.3）评估软件组件。在这个测试级别，测试人员可以通过静态代码分析和代码评审及动态组件测试来验证代码质量。

（2）软件集成测试（SWE.5）：根据软件架构（SWE.2）评估集成的软件。在这个测试级别，重点是测试接口。测试人员检查软件组件的集成是否成功。

（3）软件合格性测试（SWE.6）：根据软件需求（SWE.1）评估集成的软件。测试人员应考虑功能和非功能性需求。

（4）系统集成测试（SYS.4）：根据系统架构（SYS.3）评估集成的系统。在这个测试级别，测试人员检查接口和系统组件的集成。系统组件可以是软件、硬件或其他子系统。

（5）系统合格性测试（SYS.5）：根据系统需求（SYS.2）评估集成的系统。在这里，重点放在功能性和非功能性需求上。

这里列出的测试级别是通用的。如果开发项目中有进一步的开发级别，例如，多级别的软件开发或软件开发是通过子系统再到整个系统，那么测试人员也可以多次使用测试级别。

ASPICE 不考虑 CTFL（ISTQB® 基础级）中所指的验收测试，因此，没有与过程 SYS.1 需求相对应的测试级别。

ASPICE 对 5 个测试过程中的每个都提出了相同或至少非常相似的要求，为此，ASPICE 要求在每个测试级别进行以下 7 项活动。

（1）定义测试策略 [②]。

（2）编写测试用例规格说明。

（3）选择合适的测试用例。

（4）执行测试。

（5）确保可追溯性。

---

① 此图虽然对应于 ASPICE，但关注的是测试，所以该图左边是测试所需的测试依据，右边是对应的测试过程（测试活动）。

② 这里的测试策略并不是 ISTQB 基础级内的组织级的测试策略，而是项目中考虑的如何测试。

（6）检查一致性。

（7）沟通与交流测试结果。

测试人员（或测试经理）在开始确定测试用例之前，应该在项目开始时首先考虑如何进行测试。因此，第一步是定义一个测试策略。第二步是根据测试策略导出和编写测试用例规格说明。在执行测试前，测试人员根据测试对象当前发布状态和实现测试目的的需要选择测试用例。测试人员将执行测试期间记录的测试结果链接到相应的测试用例，而在测试设计期间已将测试用例链接到测试依据。这确保了从测试依据到测试规格说明，再到测试结果的可追溯性。这种可追溯性不仅有助于进行影响分析和确定覆盖程度（见 CTFL-ISTQB® 基础级），对检查所有工作成果之间的一致性也很有帮助。测试执行后，测试人员必须收集和整理测试结果，并将其传达给合适的利益相关方。

这里概述的模式可用于所有测试级别。唯一的例外是 SWE.4 软件组件（单元）验证过程。这里 ASPICE 需要一个验证策略而不是测试策略。在下文中，将详细考虑此模式的各个构建块。

1. 测试策略和验证策略

ASPICE 要求为每个测试级别，更准确地说，为每个特定测试过程定义特定级别的测试策略。然而，不合理的特定级别测试策略可能导致不完整或冗余的测试。因此，协调这些特定级别的测试策略很有意义。制定特定级别的测试策略及总体测试策略是测试经理的任务（见 CTFL 和 2.2.3 节）。

由于 ASPICE 适用于汽车行业的所有项目，因此它没有对测试设计技术、测试工具和测试策略的其他方面做出具体规范。测试经理依靠组织内部测试指南、项目规范和自身经验。但也可以参考其他标准和规范，如 ISO 26262。

回归测试策略是测试策略的重要组成部分。它定义了选择回归测试的目的和方法。例如，一种可能的方法是基于风险的测试（见 5.1.3 节）。在这种方法中，风险分析有助于确定测试人员应该通过回归测试检查的区域。另一种可能的策略是，测试人员在每个发布状态下重复执行所有自动化测试用例，而不管风险如何。例如，这对于具有持续集成（CI）的软件开发来说是常见的。

作为测试策略的一部分，ASPICE 不仅需要回归测试策略，还需要选择策略，即如何选择新定义的测试用例。这基于测试对象当前的开发状态和发布计划。对于测试执行，测试经理必须选择执行的测试用例，例如，为了在测试执行期间实现所需的覆盖程度。

测试策略的另一部分，选择特定级别的测试环境及测试人员应该对其执行的测试。在汽车行业，测试环境与 IT 行业 / 软件行业的测试环境有很大不同。由于车辆系统是机电一体化系统或嵌入式系统，其测试环境必须模拟嵌入环境（例如，作为原型或虚拟测试环境，见第 4 章）。与经典软件开发相反，其中包括用于信息交换的接口及用于能源和物流（如电能、冷却剂）的接口。这导致在较高测试级别的测试环境越来越复杂。

在 SWE.4 软件组件（单元）验证过程中，ASPICE 需要验证策略而不是测试策略。与 CTFL（ISTQB® 基础级）相比，ASPICE 仅将动态测试纳入了测试策略。由于测试人员在不执行代码的情况下也能测试软件组件，所以 ASPICE 不仅需要动态测试，还需要静态测试。静态测试包括代码评审和静态代码分析（见 5.2.1 节）。

如果开发人员更改软件组件，他（或测试人员）必须评估变更的影响。因此，验证策略还包括用于验证的回归测试策略。这包括回归测试策略的典型要素。然而，除了动态测试，还要考虑代码评审和静态代码分析。例如，作为回归测试策略的一部分，在每次代码变更后进行完整的静态代码分析。

ASPICE 要求给出组件验证的准则。这些准则规定了在组件验证时必须开展和完成的工作。这使测试人员能够评估组件在多大程度上满足需求并符合详细设计要求。组件验证的准则与 CTFL 的出口准则相似。组件验证的可能准则包括以下内容。

（1）组件必须通过的组件测试用例（包括测试数据）。

（2）测试覆盖率目标（例如，达到 100% 的语句覆盖率）。

（3）借助工具的静态分析，评估是否符合编程规范（如 MISRA C 编程规范，见 5.2.3 节）。

（4）对于无法通过基于工具支持的静态分析来对代码进行评估，则可以使用代码评审检查是否符合编程规范。

ASPICE 在其过程评估模型中使用了两个非常相似的验证概念，有时非常容易混淆。从软件组件验证（SWE.4）引出的组件验证准则的概念有别于从软件需求分析和系统需求分析（SWE.1，SYS.2）引出的验证准则的概念。在需求分析的背景下，验证准则是检查相应需求正确实施的标准。该概念大致对应于 CTFL 中的测试条件（Test Conditions）。ASPICE 希望需求管理人员制定这些准则，以便测试能够对其进行检查。如果测试人员作为评审人员参与需求的评审，必须确保这些验证准则是存在的，并且是可验证的。就内容而言，这些验证准则与 SWE.4 的验证准则没有任何共同之处。

2. 测试文档

对于测试活动的文档，ASPICE 定义了在多个测试过程中出现的工作产品，这些工作产品可以是：

（1）测试计划，包括测试策略等。

（2）测试规格说明，包括测试设计、测试用例和测试规程规格说明。

（3）测试结果，应记录在多个结果文件中，如测试日志、事件报告和测试报告。

对于每种工作产品，ASPICE 都定义了标准附录中列出的示例性特性和内容。在测试计划中，ASPICE 直接指导引用 ISO 29119-3 [ISO 29119]。测试人员还可以使用 ISO 29119-3 标准作为测试过程中其他所需工作产品的模板。

评估师抽样评估工作产品。工作产品对于评估师来说是过程执行的客观指标（见

3.1.1 节）。无论工作产品是作为单独的文档、大文件，还是由工具存储和管理的工作产品，对评估师来说都无关紧要。重要的是，所有需要的信息都是可用的，并满足 PAM 的要求。

作为示例，这里应该再次提到测试计划。每个测试级别都必须有一个测试计划。各个测试计划是否作为单独的文件提供，或者它是否是跨测试级别的测试计划中的一部分，对 ASPICE 来说并不重要。对于大型项目，定义一个主测试计划和多个级别的测试计划可能很有用。

3. 可追溯性

开发步骤的可追溯性是 ASPICE 的核心要求，在此，ASPICE 区分了纵向（垂直）和横向（水平）可追溯性（见图 3-7）。

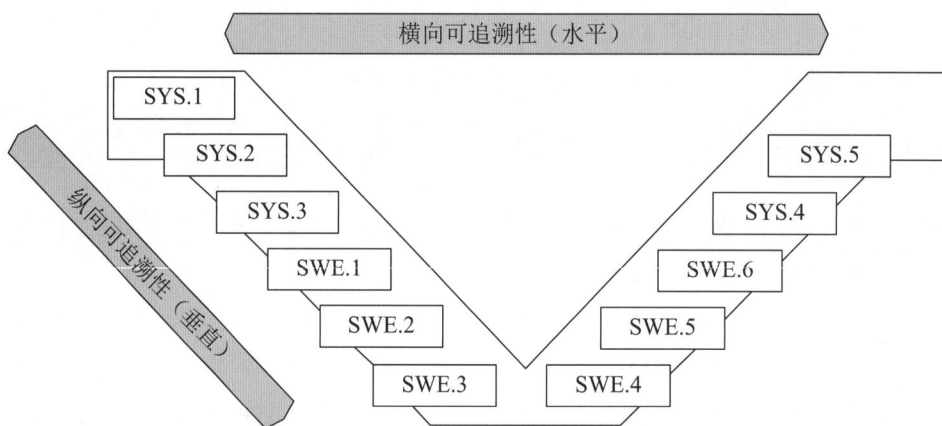

图 3-7　横向和纵向可追溯性

对纵向而言，ASPICE 要求将利益相关方的需求，通过系统和软件开发的工作成果[1]，与软件组件关联。通过所有开发阶段的关联性，确保所关联的工作成果之间的一致性。

对横向而言，ASPICE 也要求可追溯性和一致性。横向可追溯性侧重于将测试依据（即开发的工作成果）与相关的测试规格说明和测试结果联系起来。测试人员必须确保在所有测试级别上所有测试文档的横向可追溯性：从测试依据得出的测试条件，到测试规格说明，再到测试执行的结果，如有必要，再到事件报告（见图 3-8）。

双向可追溯性使测试工作更容易。只有这样，才有可能分析变更需求的影响，评估覆盖或跟踪测试状态。例如，一旦建立了需求和测试用例之间的链接，测试人员就可以很容易地分析对测试用例的影响，然后修改受变更影响的测试用例。这种情况在汽车行业的项目中经常发生。通常，需求规格说明有多个版本，在项目过程中需求会变得更加精确和具体，但也要适应变化的边界条件。

---

① 工作成果包括生成的系统需求、系统架构、生成的软件需求以及软件架构和软件详细设计。

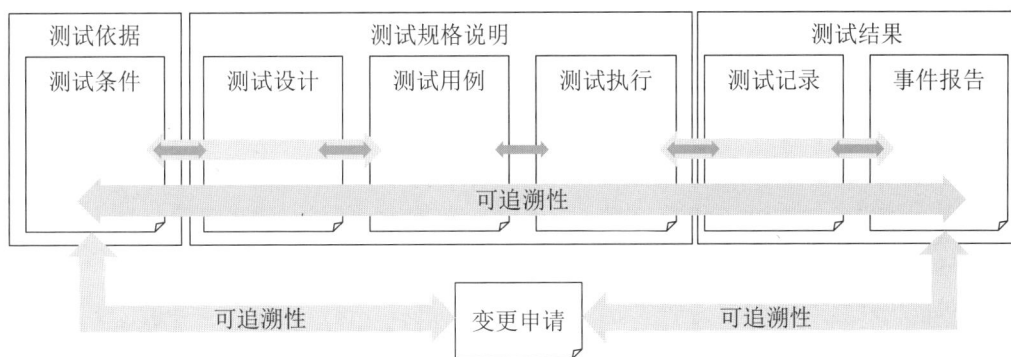

图 3-8　横向可追溯性

一旦测试人员执行了测试用例，还必须建立测试结果的可追溯性。这一点很重要，因为测试人员可以使用链接的测试结果来分析哪些需求已经成功测试，哪些需求仍然存在问题。尤其是涉及安全相关需求或功能的覆盖，就更应引起关注。此外，双向可追溯性还可以确保链接元素之间的一致性。这种一致性检查必须涵盖形式方面（是否有链接）和内容方面（测试用例是否正确）。

除了软件和系统过程中的可追溯性之外，变更请求管理过程的基本实践（SUP.10.BP8）还要求在变更和受变更影响的工作产品之间具有可追溯性。如果变更是由纠正错误引发，这也需要在变更需求和作为依据的事件报告之间进行跟踪。这方面会影响测试人员，因为通常由他们编写事件报告，并负责对修改错误后的再测试（确认测试）。

项目如何实现可追溯性，这在 ASPICE 中并没有阐述，也没有做强制性规定。项目可以在最简单的情况下通过命名约定、通过带有复杂宏指令的 Excel 表或使用工具来实现可追溯性。然而，这个决定通常并不是由测试人员做出的，而是项目管理层的决策，因为可追溯性影响整个项目，而不只是测试。ASPICE 有时需要大量的链接来确保可追溯性，因此，一个连贯和一致的工具链可能会有所帮助。这使测试人员能够有效地建立、管理和维护这些用来实现可追溯性的链接。

4. 能力级别2和级别3的其他要求

前几节中讨论的所有要点仅涉及测试过程的基本实践和工作产品。简言之，测试人员和测试经理必须将 CTFL 中已知和掌握的测试过程应用于每个单独的测试级别，包括测试活动 [1] 和文档化的测试策略、测试用例规格说明和测试结果，以及经验证的从测试结果到测试依据的可追溯性。如果所有这些条件都得到满足，那么达到能力级别 1 的重要先决条件就成立了。

能力级别 2 还需要考虑其他一些方面。测试经理必须证明对所有测试活动的监督和控制，描述测试活动，规定测试人员的权利、义务和资格，并确立测试结果的有序沟通。这些活动可以从 CTFL（ISTQB® 基础级）测试管理中获得更多了解。

---

[1]　这里不包括测试监督和控制活动，这些活动是能力级别 2 的第一部分。

此外，测试经理必须确保所有测试文档的质量，例如，可以通过评审。为此，他要首先定义单个测试文档的结构和内容，并描述文档控制的程序。在正在进行的项目中，他必须确保创建并评审这些测试文档。理想情况下，应在使用测试文档之前进行评审。例如，在测试人员开始编写测试用例规格说明之前，利益相关方应该检查和批准测试计划。如果评估师在评估中确定测试计划被忽视，并且没有带来实际利益，那么再精心设计和完美的测试计划都没有任何帮助。

对于能力级别 3 要求有一个全组织范围的测试过程，该过程包含 ASPICE 所需的所有细节。此类测试过程的定义不会在项目中进行，此任务通常由核心过程部门执行。在这里，测试人员和测试经理偶尔会作为过程内容的顾问进行工作。测试经理必须了解这个过程，并在他的测试计划中加以考虑。测试人员也有义务了解过程并在项目中加以实施。

示例　项目 ULV

在爱迪森电子公司内部有相应的测试手册，测试手册描述了应用于每个爱迪森电子公司项目的基本测试策略，测试手册描述了跨项目和可追溯的测试策略（包含回归测试），包括软件、硬件和机械测试的所有测试活动，以及在各个测试级别导出测试用例的方法、覆盖标准、测试环境和使用的工具。测试经理托马斯基于开发过程以及以爱迪森电子公司测试手册为指导，在很大程度上采用了测试手册中的规范和内容，并将其具体化为项目特定的测试计划。

项目测试计划是测试规格说明和测试执行的良好基础。根据测试计划中的规定，托马斯协调各个测试级别的活动，并与测试人员和开发人员交流沟通。

虽然软件组件验证、软件集成测试和软件合格性测试相对有序且如期进行，但系统集成测试和系统合格性测试仍面临一些挑战。由于供应商方面存在瓶颈，签约的委托公司在测试阶段前无法及时交付和调试所有 HiL 测试环境，因此，测试执行迟后于项目计划。

该项目旨在确保所有过程达到级别 2。托马斯意识到 2 级的挑战，为了全面了解所有测试活动，他对这些活动进行了详细的规划。在规划过程中，他将重点不仅放在员工身上，还放在测试环境上，包括测试所需的工具。托马斯从自身的从业经验中知道，测试环境是一种稀缺资源。因此，他仔细地监督和控制测试环境的利用率，并在必要时调整测试或更改测试的优先级。在定期的测试会议上，他与测试人员交流想法。此外，他还定期向项目经理佩特拉报告测试的状态。BEC 规定使用新的测试工具，由于托马斯还负责测试人员的资格认证，他为提姆规划了适当的进修培训。

在过去的几年里，爱迪森电子公司开展了一项注重质量的文化。提姆和托马斯使用开发过程中指定的测试规格说明、测试日志、测试报告和测试计划的模板。对于每份文档，他们填写所有文档控制所需的属性，并将文件存储在规定的版本管理工具中。在评审过程中，托马斯与质量经理昆汀一起制定了一项以最大限度减少工作量的策略，他们对测试文档进行基于风险的评审。关键文档，如测试计划，由许多项目成员参与评审。如果是针对系统新功能的测试用例进行评审时，则由多名专家进行走查。但如果是已知的功能，那与负责测试的同事或需求经理一起对测试用例进行评审就够了。

　　详细的项目计划以及文档控制和评审方面的努力最终使得 SWE.4 和 SWE.6 两个测试过程在 ULV 项目中达到了能力级别 2。

3.2　ISO 26262

　　本节介绍功能安全和相关的汽车专用标准 ISO 26262。该标准概述了与安全责任相关的主要活动，并解释了功能安全对测试人员工作的重要性。

3.2.1　E/E系统的功能安全

　　纵观近几十年的技术发展，电子化[①]发展趋势绝不容忽视，这一点尤其体现在适用于汽车的进一步发展上。机械解决方案（如化油器）已经越来越多地被电气及电子（E/E）解决方案替代（如电子控制燃油喷射）。通常，新的电子解决方案可以使以前很难或不可能通过机械方式实现的功能得以扩展。一些系统，如车身电子稳定系统 ESP，最初就是通过电子化才得以实现。

　　起初，这些还都只是专有的单一电子解决方案。但如今，它们已是基于高性能、多功能 ECU 的软件解决方案。它们继而实现了新的复杂功能，例如，汽车的自动驾驶功能，这在若干年前还是难以想象的。

　　车辆系统的功能和技术复杂性不断提升，这也同时增加了出错的风险。错误可能早在开发过程就已经发生，其后果可能导致系统中出现没有被识别出的缺陷。在驾驶过程中，这种缺陷可能会导致车辆的故障，即失效。发生此类事故给乘客或其他交通参与方造成的影响程度取决于具体情况。在简单的情况下，这可能是一个非安全关键的错误，如音响系统故障。在严重情况下，交通安全则可能会受到严重损害，例如，如果制动系统或转向系统受到影响。

　　因此，在开发具有潜在人体伤害和危害生命风险的系统时必须特别小心。这些功能的实现和实施方式必须确保在人类合理判断的范围内尽可能无误。这就是专家所谈的功能安全（FuSi）。

　　功能安全标准为此类安全关键系统的开发人员提供了久经考验的方法，这些方法有助于进行安全分析，并设计和实现安全关键的功能。多年来，为了满足有时截然不同的要求，各个行业的分支都制定了各自的特定标准。例如，系统安全军用标准 MIL-STD-882E

---

① 电子化：配备和装备电子设备转变到电子数字处理。

[DoD 2012]、过程工业领域安全仪表系统的功能安全标准 IEC 61511 或机械功能安全的标准 IEC 62061。

E/E 系统功能安全的基本标准是 IEC 61508。对于汽车开发，国际标准化组织（ISO）推出了 ISO 26262 标准。该标准自 2011 年 11 月起施行。自 2018 年 12 月以来，已出版了修订版第二版 [ISO 26262:2018]。

ISO 26262 规定的 E/E 系统的功能安全意在避免因这些系统的故障而造成对人体伤害和生命危险等不可容忍的风险。该标准规定了安全关键 E/E 系统的开发、生产和运行的具体活动和方法。其重点是避免硬件和软件开发中的系统性错误，并尽量减少随机和突发性硬件错误。另外，使用安全、职业安全或 IT 安全（网络安全）不是 ISO 26262 的重点。对此有其他相应单独的标准，如目前①正在开发的网络安全标准 ISO/SAE 21434[ISO 21434]，或使用安全标准 ISO/PAS 21448[ISO 21448]（见图 3-9）。

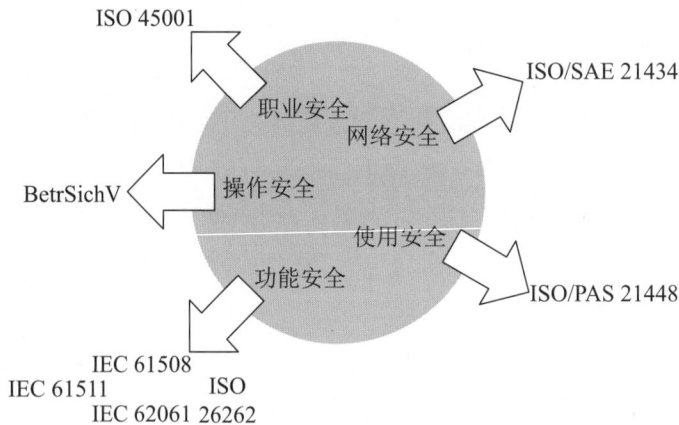

图 3-9　与安全有关的相应标准

在实践中，通常很难界定不同的安全概念。它们之间的边界模糊，因为某一方面缺乏安全性可能会对其他方面产生直接或间接的影响。在工作场所中的 E/E 系统缺乏功能安全，会直接影响职业安全。缺乏 IT 安全则可能会使黑客可以将恶意代码注入系统，或以其他方式迫使系统做出错误反应，从而损害系统的功能安全。因此，各种安全概念共同促进产品安全。

3.2.2　安全文化

为了成功和持续地开发出安全的产品，需要的不仅是标准本身。只有所有相关人员都有开发安全产品的意愿和愿望，才能实现这一目标。这种对安全重要性的共同认知，以及对安全产品开发措施的意义和有效性的信任被称为安全文化（Safety Culture）。

面向安全的开发过程在 20 世纪中叶就已经存在，当时被应用在航天航空或核技术领域。在这些领域中，技术上的失败有时会产生严重后果，这就催生了各种过程和分析方法

---

① 2020 年 5 月。

（如失效模式与影响分析（FMEA））。这些方法旨在提高安全关键产品的质量和可靠性。

然而，"安全文化"一词的产生要晚得多。国际原子能机构（International Atomic Energy Agency，IAEA）在 1986 年切尔诺贝利核事故后创造了这个词 [INSAG 1986]。发电厂的现场和其上级部门缺乏安全文化被认定为事故的主要原因之一。

国际原子能机构最初没有提供这一术语的具体定义，但在 1991 年的一份有关此主题的独立出版物中对安全文化进行了定义："安全文化是组织和个人的一系列特性和态度的总和，它确定了确保核电站的安全问题作为压倒一切的优先事项，并根据其重要性给予其应有的关注。"[INSAG 1991]。这一定义是专门为核电站而做，但如果删除"核电站"一词，这句话也可以适用于所有安全关键项目。

然而，在理论上看似合理和可理解的东西，在实际操作中却面临着相当大的挑战。特别是在具有高安全级别的系统中，所选措施的有效性对个人来说并不总是显而易见的。因此，在根据 ISO 26262 进行产品开发的情况下，仅关注自身的过程是不够的。所有相关方都必须采取跨过程的方法。每个人都需要了解他们对开发过程和最终产品安全性的影响。这也包括外部合作伙伴和供应商。

安全文化是一个持续的、可控的过程，必须在各个层面上进行①。这需要信任——员工对管理层的信任及管理层对员工的信任。

安全文化并不局限于项目或企业。一叶障目的思维和象牙塔式的独立运作与真正有效的安全文化格格不入。

持续的时间和成本压力会削弱企业的安全文化。近年来发生的一些安全相关的事故，如 2003 年哥伦比亚号航天飞机重返大气层时的事故、2010 年深水地平线探索平台的重大事故，或 2018 年和 2019 年波音 737 MAX 的坠机事件，都表明安全文化的薄弱环节往往会悄然出现，最终导致灾难性后果。

企业的安全文化反映了员工的态度和价值观 [Cox 1991]。有关各方必须明白，他们自身的工作活动并不是与其他过程分开进行的。开发的每一步都是对确保和实施安全相关要求的重要贡献。这种责任不会随着产品的发布而结束，而会延伸到系统生存周期的结束。

测试人员在开发的各个阶段负责任地工作，并始终以产品开发的整体背景为出发点开展工作，从而为安全文化做出贡献。

3.2.3　安全生存周期中的测试人员

安全生存周期描述了以安全为导向产品开发过程中的各个阶段。首先从最初的产品构思及对潜在危害和风险的识别和评估开始。在形成了安全概念并明确了由此产生的安全需求的规格说明后，就可将其在具体的产品中实施。该周期以产品生存周期结束并对产品处置的阶段为终结。根据 ISO 26262 中的要求，安全生存周期经历以下三个阶段：

① ISO 26262-2：2018，5.4.2 节："The organization shall create, foster, and sustain a safety culture that supports and encourages the effective achievement of functional safety."

（1）概念阶段。

（2）整体系统、硬件和软件的开发。

（3）生产、运行、维护和报废。

这些阶段中的每个又由单独的子阶段组成，在这些子阶段中，标准规定了功能安全的具体活动，例如，在概念（阶段）的框架中执行危害分析和风险评估（子阶段）。

在这一点上，ISO 26262 的定义与其他此类定义，如系统生存周期或产品开发过程具有可比性。对部分 OEM 特有的开发过程，其基本理念也与安全生存周期类似。图 3-10 展示了符合 ISO 26262:2018 定义的安全生存周期。清楚起见，仅显示了部分子阶段。

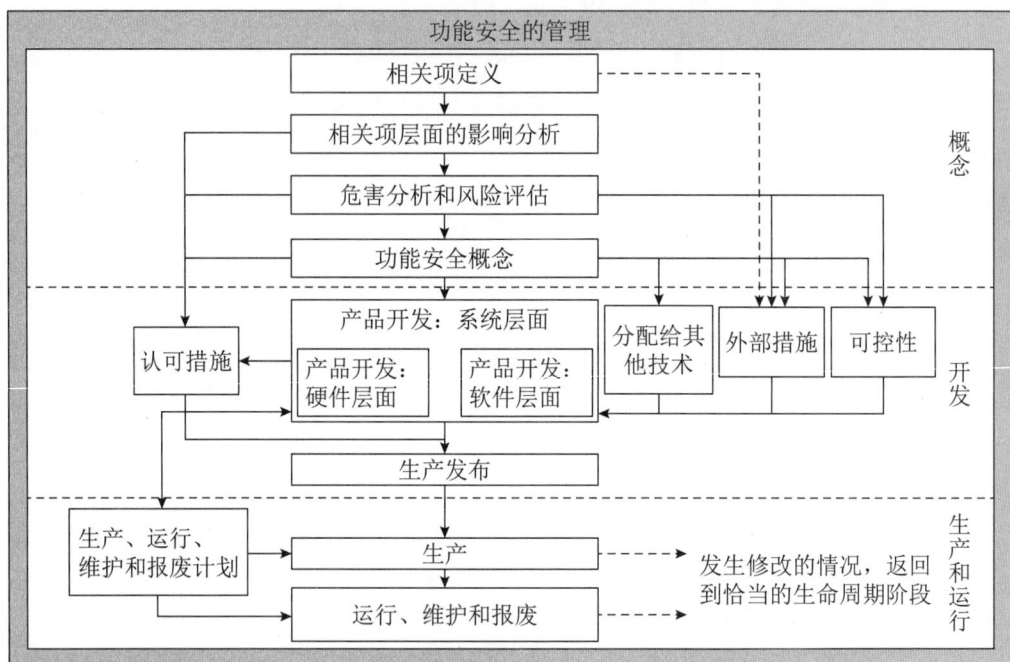

图 3-10　按照 ISO 26262[ISO 26262:2018，4.5-9] 呈现的安全生存周期

测试人员的主要工作集中在安全生存周期的前两个阶段。测试计划的活动通常发生在概念阶段。在随后的阶段中，可能还需要更新所产生的工作成果，如测试计划。测试分析、测试设计、测试实施和测试执行通常是开发阶段的一部分。测试活动主要位于开发的测试相关子阶段。这些子阶段对应于 CTFL 中的测试级别（例如，软件组件测试作为子阶段软件单元验证的一部分）。在卷 4 和卷 6 中，ISO 26262:2018 列出了以下与测试相关的子阶段。

（1）软件单元验证 [ISO 26262:2018，第 6 部分，第 19~24 页]。

（2）软件集成和验证 [ISO 26262:2018，第 6 部分，第 24~28 页]。

（3）嵌入式软件的测试 [ISO 26262:2018，第 6 部分，第 28~30 页]。

（4）硬件 / 软件集成和测试 [ISO 26262:2018，第 4 部分，第 17~19 页]。

（5）系统集成和测试 [ISO 26262:2018，第 4 部分，第 19~21 页]。

（6）车辆集成和测试 [ISO 26262:2018，第 4 部分，第 21~24 页]。

（7）安全性确认 [ISO 26262:2018，第 4 部分，第 24~27 页]。

3.4.2 节指出了与 CTFL 和 ASPICE 的已知测试级别及汽车行业中使用的典型测试级别的对应关系。

测试活动形成了从开发的一个子阶段到下一个子阶段的过渡。最终，该产品通过发布开始批量生产。通过其测试活动，测试人员集中为向第三阶段的过渡做出贡献（发布：见 2.3 节）。

测试人员也可以积极参与第三阶段的活动。ISO 26262 要求对产品的运行时进行现场监测，以便在早期阶段检测到潜在的安全相关异常。这可能会导致已经交付并正在运行的产品发生变化，从而需要重新进行测试工作或额外的测试工作。然而，在第三阶段对产品进行的大量变更实际上意味着返回到第一或第二阶段，因为需要重新进行基本测试活动，例如，需要重新进行测试设计。

3.2.4　标准纲要

在 IEC 61508 的基础上，ISO 开发了 ISO 26262，作为汽车开发中的功能安全标准。2011 年发布的第一版标准由 10 部分组成 [①]。

（1）术语。

（2）功能安全管理。

（3）概念阶段。

（4）产品开发：系统层面。

（5）产品开发：硬件层面。

（6）产品开发：软件层面。

（7）生产、运行、服务和报废。

（8）支持过程。

（9）以 ASIL 为导向和以安全为导向的分析。

（10）指南。

2018 年年底，ISO 26262 的修订版发布（第二版）。内容根据不断变化的技术进行了调整，并增加了卷 11 和卷 12 两卷。

（11）半导体应用指南。

（12）摩托车的适用性。

图 3-11 显示了 V 形模型中每卷的位置。

---

① 在此书中对 "Part x" 统一使用了 "卷 x"。各卷的英文翻译见附录 A.1 节。在中国使用的是 "第 x 部分"。例如，书中 "卷 6" 表示 "第 6 部分"。

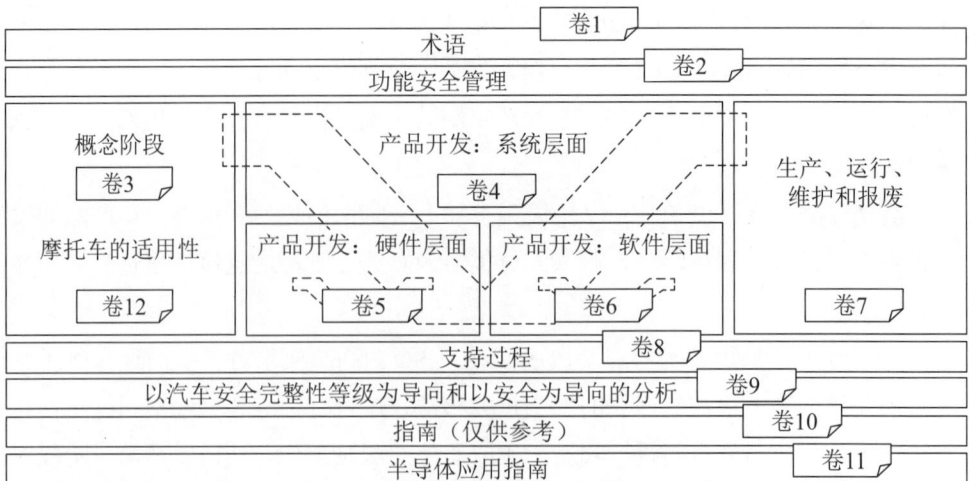

图 3-11 ISO 26262：2018 的结构（来源：ISATAL Akademie）

每卷都是根据固定格式构建的，以便于标准的使用，除了卷 1、卷 10 和卷 11，每卷的开始都包含统一标准内容。其中包括：

（1）概述。

（2）标准的适用范围（即 3.5t 以下的量产乘用车）。

（3）各卷的规范性参考文献。

（4）符合标准的要求：

①一般要求。

②方法表的解释。

③ ASIL 关联的要求和建议。

随后是各卷的具体主题。除了前面提到的卷 1、卷 10 和卷 11 之外，它们描述的基本结构在这里都是相同的。每章将根据以下结构介绍要开展的活动。

（1）目的。

（2）总则。

（3）本章输入（如现有文档、内容输入）。

前提条件。

更多支持信息。

（4）要求和建议。

（5）工作成果。

本书附有本标准各卷的摘要（见附录 A.1 节）。ISO 26262:2018 的变更或增补已分别做了注明，因此该摘要适用于两个版本的标准。除该摘要外，第二个附录还包含方法表的概述及与测试相关的内容——也适用于 ISO 26262 的两个版本（见附录 A.2 节）。

测试人员的主要工作是验证和（至少是部分的）确认，除卷 1（术语）、卷 4（产品开发：系统层面）、卷 5（产品开发：硬件层面）和卷 6（产品开发：软件层面）外，还有卷

8（支持过程）都是测试人员需要特别关注的内容。

卷 4 和卷 6 提供了关于软件验证适当措施的详细信息和建议。这些建议包括相关验证措施的选择、设计和实施。建议的方法按专题汇总在所谓的方法表中。该建议基于各自危害的严重性程度（见 3.2.5 节）。

这些卷侧重于系统层面（卷 4，包括系统确认）和软件层面（卷 6）的特定测试和验证方面。如果硬件特定方面也与测试人员的工作相关，可以在卷 5 中找到相关内容。关于硬件和软件都有关的方面在软硬件集成（卷 4）和软硬件接口（卷 4、卷 5、卷 6）的上下文中进行了阐述。

ISO 26262 卷 8 占据了一个特殊的位置，因为它描述了所有测试级别上验证过程的具体特性。此外，还有对测试人员来说很重要的支持过程的要求，例如文档。测试人员特别感兴趣的还有本卷中关于软件工具认证的部分（使用软件工具的置信度）。

3.2.5 汽车安全完整性等级（ASIL）的分级划定

产品的功能安全由安全经理负责。在项目开始时，他负责检查要开发的系统（或部分）是否属于安全关键领域。如果是，下一步则是评估这种安全关键的程度，以便稍后从中得出系统的具体安全性要求。

为了确定是否属于安全关键领域，在概念阶段要进行危害分析和风险评估（G&R）。ISO 26262 提供了一种方法，用于在特定驾驶情况下识别、分析和评估故障对生命和肢体危害的风险。

危害分析和风险评估（G&R）对于产品功能安全至关重要：在危害分析和风险评估中未涵盖或仅部分涵盖的危害在项目中将得不到解决或处理不够充分。因此，必须尽可能谨慎地进行危害分析和风险评估，理想情况下，应由一个专家团队来执行。完成危害分析和风险评估后，将由一个独立机构进行评审。没有强制性要求该独立机构一定是外部机构，该标准也允许由独立于项目的公司内部机构实体进行评审。[①]

对于每种危害，危害分析和风险评估都会从以下三方面进行评估。

1. 暴露（于危险中）的可能性（E）

所描述（驾驶）情况出现的可能性有多大，或频率有多高，用 E 值来表示，E 值从 E0（几乎不可能发生）到 E4（非常可能发生）分为若干等级。如果评估情况属于 E0，则无须在危害分析和风险评估框架下做进一步考虑。

2. 严重程度（S）

在所描述的情况下，预计损失的严重程度如何，用 S 值来表示，S 值从 S0（无伤害）到 S3（危及生命的伤害或致命伤害）分为若干级别。如果评估情况属于 S0，这意味着在

---

① 参见 ISO 26262-2:2018 表 1 "所需的确认措施，包括所需的独立性等级"。

所述情况下没有造成人身伤害，只出现了材料损坏。因此，不需要在危害分析和风险评估框架下做进一步考虑。

3.可控性（C）

驾驶员或其他道路使用者对所述情况的反应如何，并能通过适当的反应（如制动刹车）来缓解，用C值来表示，C值从C0（通常可控）到C3（很难控制或不可控）分为若干级别。如果所述情况被评估为C0，则无须在危害分析和风险评估框架下做进一步考虑。

这三方面的结合引出了危害分析和风险评估中对于每种已识别危害的ASIL（汽车安全完整性等级）。简而言之，ASIL是通过功能安全措施降低风险的一种衡量标准。例如，此类措施可以是用于监测E/E系统的独立安全功能，或使用具体规定的方法。对于更高的风险，可能需要采取更复杂的措施，或者必须以更高的质量来实施这些措施。

ISO 26262定义了4个级别：从低安全需求的ASIL A到高安全需求的ASIL D。为了将危害分析和风险评估框架内确定的E（暴露的可能性）、S（严重程度）和C（可控性）三方面的值分配给特定的ASIL，ISO 26262采用了特定的组合数学方法。最高ASIL D完全由E4、S3和C3这三方面的最高值组合而成。

如果危害分析和风险评估要求低于ASIL A，则从标准的角度来看，这些要求与安全无关。这些要求的实现包含在现有的质量管理（QM）适用范围内（见表3-5）。

表3-5　ASIL测定 [ISO 26262:2018 表4]

严重程度等级	暴露可能性等级	可控性等级		
		C1	C2	C3
S1	E1	QM	QM	QM
	E2	QM	QM	QM
	E3	QM	QM	A
	E4	QM	A	B
S2	E1	QM	QM	QM
	E2	QM	QM	A
	E3	QM	A	B
	E4	A	B	C
S3	E1	QM	QM	A
	E2	QM	A	B
	E3	A	B	C
	E4	B	C	D

题外话

自从标准发布以来，所提出的进行危害分析和风险评估的方法已在实践中得到有效的应用。然而，在评估风险时仍有一定的解释空间。

制造商之间可比较的评级对客户来说意味着安全性级别的可比性。为了实现这一点，自 ISO 26262 发布以来，已经制定了补充性文件和标准，这些文件和标准进一步具体化了该标准的建议。例如，汽车工业协会（VDA）制定了一个情境目录 [VDA 2015]，其中列出了大量典型驾驶情境的 E（暴露可能性）等级评估。美国汽车工程师协会（SAE）发布过一份专门针对影响车辆运动控制的系统（如电动助力转向）测定 ASIL 等级的指南 [SAE 2018]。

为了更好地理解，对本书示例所开展的危害分析和风险评估被大大简化。例如，在评估自动加速时，必须考虑车辆的实际加速能力。在车辆动力性能低下的情况下，与前方车辆碰撞或驾驶员失去控制的风险明显较低。专门为城市开发的车辆，如 ULV，其可能会适度地更机动化。然而，为了本书中的示例，需要设定一个更高的 ASIL 安全目标。因此，在这种情况下案例被简化为 ASIL C 等级。

根据危害分析和风险评估，安全经理制定安全目标。下一步是制定安全概念，以实现满足安全目标。ISO 26262 规定了两步走的方法。

（1）首先，安全经理制定功能安全概念（FuSiKo），然后，从中得出功能安全需求。这些要求具有与底层安全目标相同的 ASIL。

（2）从功能安全概念（FuSiKo）形成技术安全概念（TeSiKo），该概念描述了具体的技术实施。这就产生了技术安全需求。这些需求也继承了底层安全目标的 ASIL。

这项规则的一个例外是所谓的 ASIL 分解。在一定条件下，ISO 26262 允许使用多个 ASIL 较低的相互独立的子功能替换单一高 ASIL 级别的安全功能。

示例　巡航系统

在专家团队的支持下，安全经理斯蒂芬对巡航系统功能进行危害分析和风险评估。他列出了巡航系统故障（例如不正确的速度提升）可能造成的危害，并根据 ISO 26262 卷 3 中规定的方法进行分析。

斯蒂芬在详细描述了不同的情况后，首先评估了所描述的情况通常对于普通驾驶员发生的频率。他以 VDA 情境目录 [VDA 2015] 中的暴露可能性参数为指导。由于许多情况都是典型的高速公路情况，斯蒂芬对于所有情况都选择了 E4，即这种情况通常发生在总驾驶时间的 10% 以上。

接下来，他评估了在相应情况下可能发生的最大损害。对于车辆自动加速的情况，他选择了 S3 级，因为从他的角度来看，这可能会发生危及生命，甚至出现致命的事故。而在其他情况下，预计只会发生较轻的人身伤害（S1 或 S2）。

最后，斯蒂芬评估了每种情况下驾驶员或其他道路使用者通过适当的反应（如刹车或躲避）防止损害的效果。他意识到，通常可以通过应用刹车制动器（C1）来缓解故障。

只有在车辆自动加速的情况下，斯蒂芬才决定采用 C2 等级。这样就覆盖了意外加速度最大值的情况（最坏情况）。

最终，根据危害分析和风险评估（摘录）得出如表 3-6 所示结果。

表 3-6　巡航系统功能 G&R 摘录

故　　障	驾驶情况/情况描述	E（暴露可能性）	S（严重程度）	C（可控性）	ASIL
错误激活巡航系统	驾驶员在手动模式下驾驶，并通过踩下加速踏板自行确定驾驶速度。E/E 错误激活巡航系统。巡航系统错误地采用和保持了当前速度。驾驶员在松开油门时注意到车辆没有减速	E4 典型驾驶情况，超过总驾驶时间的 10%	S1 从这种情况来看，最初不会造成任何直接损害。当前方车辆制动时，可能会对车辆造成轻度至中度损害	C1 在不增加车速的情况下，车辆可以随时制动减速	QM
错误禁用巡航系统	驾驶员处于巡航系统模式。E/E 的错误导致巡航系统关闭。车辆进入惯性推力模式并减速	E4 典型驾驶情况，超过总驾驶时间的 10%	S2 车辆减速，制动灯不亮，可能会造成后面车辆出现状况	C1 驾驶员快速感知，车辆可以通过加速踏板再次加速	A
错误的未能启动巡航系统	驾驶员处于手动模式，希望切换到巡航系统。由于 E/E 的错误不能启动巡航系统，但没有错误信息告知驾驶员。车辆进入惯性推力模式并减速	E4 典型驾驶情况，超过总驾驶时间的 10%	S2 见上文	C1 见上文	A
错误的速度提升（自行加速）	驾驶员处于巡航系统模式。E/E 的错误导致存储的目标行驶速度增加。车辆以最大值加速至新的目标速度	E4 典型驾驶情况，超过总驾驶时间的 10%	S3 可能会撞击到前方车辆，转弯时偏离车道	C2 驾驶员快速感知，踩下车辆制动器（刹车）可使车辆减速。可能需要较大的制动力	C

斯蒂芬从危害分析和风险评估中推导出将由爱迪森电子公司开发的巡航系统功能的安全目标。除了几个 ASIL A 级安全目标外，斯蒂芬还从危害分析和风险评估中的第 4 种（故障）情况中获取了 ASIL C 级的安全目标（E4，S3，C2）："必须防止因 E/E 错误导致不正确的速度提升（ASIL C）"。

斯蒂芬与开发电动驱动器功能架构的同事取得了联系，该功能架构的首个版本已经完成，见图 3-12。斯蒂芬召集他的同事对功能架构进行了分析，以确定那些可能导致违反安全目标的地方。在这些地方，必须引入（仍有待开发的）安全机制，以实现危害分析和风险评估中得出的安全目标。在分析过程中，斯蒂芬将各种错误归纳为以下两类。

（1）导致电机目标扭矩要求不正确的错误。

（2）通过电机无法正确实现目标扭矩要求的错误。

在第一种情况下，需要关闭巡航系统功能以进行故障排除；在第二种情况下，需要关闭电机。

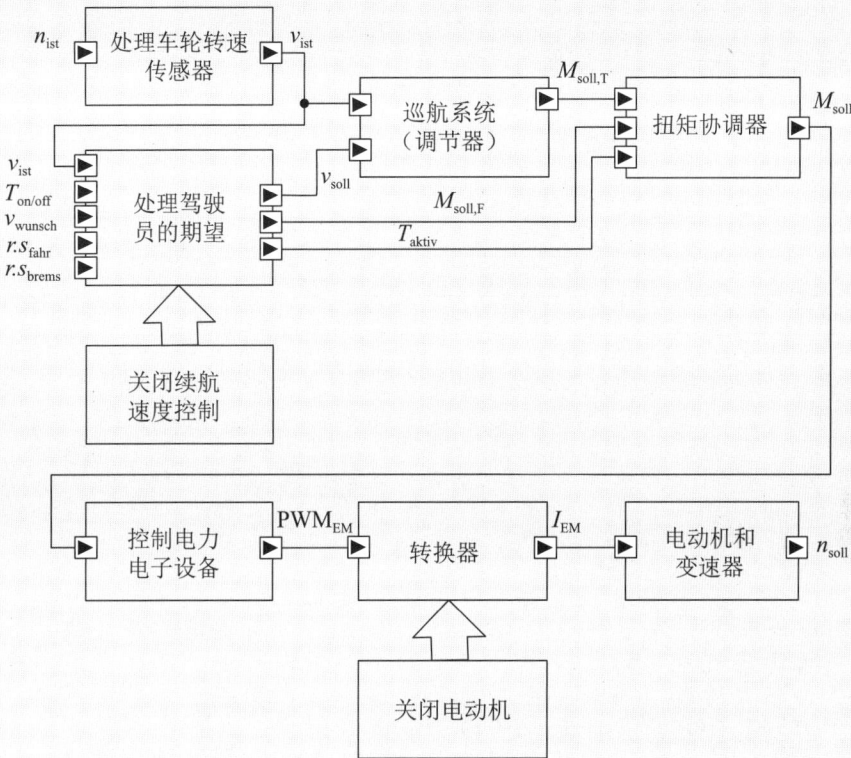

图 3-12　电动驱动器功能架构分析

基于这些发现，斯蒂芬在下一步为巡航系统开发功能安全概念（FuSiKo）。由于根据当前计划，作用链或影响链将涉及两个控制单元（发动机控制单元、电力电子设备控制单元），斯蒂芬为每个控制单元都提供了一个安全功能。

1. 巡航系统监测

它实现了发动机控制单元上的安全功能。这是为了防止发动机被驱动可能会导致的不必要的加速。如果实际速度明显超过目标速度，则会关闭巡航系统。

2. 电力电子设备监测

它与电力电子设备控制单元具有相同的任务。它通过流入电机的电流与目标扭矩不匹配的现象来检测非正常的加速度。

如图 3-13 所示，表 3-7 为其信号说明，两种安全功能都必须根据 ASIL C 开发，以实现基本的安全目标。

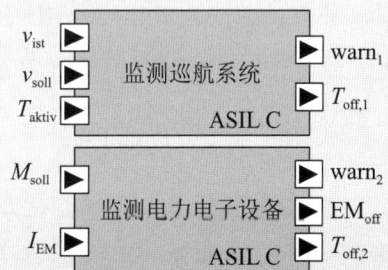

图 3-13　巡航系统和电力电子设备的
监测功能

表 3-7　监测功能的信号

信　号	说　明
EM_{off}	出于安全原因关闭电机
I_{EM}	流向电机的电流强度
M_{soll}	综合目标扭矩
T_{aktiv}	巡航系统的实际活动状态
$T_{off,1}$	出于安全原因禁用巡航系统
$T_{off,2}$	出于安全原因禁用巡航系统
v_{ist}	车辆当前速度（当前车速）
v_{soll}	巡航系统车辆的目标速度（目标车速）
$warn_1$	向驾驶员发出停用警告（出于安全原因）
$warn_2$	向驾驶员发出停用警告（出于安全原因）

此外，处理驾驶员期望和处理轮速传感器的架构元素也必须根据 ASIL C 进行开发，因为它们提供的安全相关信号也被车辆中的其他控制单元使用（例如车辆实际速度）。图 3-14 所展示的是整体架构（更好地展示了在没有转换器和电机情况下的概貌）。

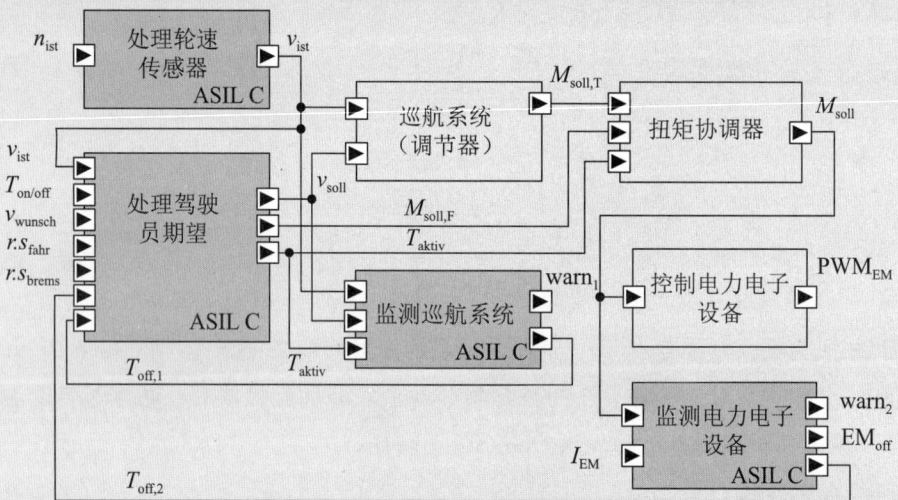

图 3-14　具有监测功能的功能架构

基于功能安全概念（FuSiKo），斯蒂芬现在从架构元素中推导出其安全需求，这些需求继承了底层安全目标的 ASIL 等级。见附录 D.2 节。

3.2.6　测试方法的选择

确定的 ASIL 直接影响测试人员要实现的测试范围。根据 ASIL 的等级，ISO 26262 推荐开展不同的活动。通常，对于更高级别的 ASIL，在标准中就要求提供更广泛和复杂的活动。

ISO 26262 把推荐程度分为三个级别：不推荐、推荐和强烈推荐 [①]。在不推荐的情况下，标准不会对有关活动提出支持或反对的建议。这类活动可以毫不犹豫地作为支持措施来实施（例如，如果是公司已经建立的标准过程的一部分）。然而，它们的实施并不能取代 ISO 推荐或强烈推荐的活动。特别是当涉及证明符合 ISO 26262 标准时，它们不会对这些中立评估活动带来任何影响。ASIL 不是整个产品的属性，它与特定的安全目标和由此产生的安全需求有关联。因此，对于一个产品，可能因不同 ASIL 等级的安全需求进而产生不同的测试要求。测试人员在规划测试范围时必须考虑到这一点。还有些独立于 ASIL 的 ISO 26262 要求，所有与安全相关的范围都必须满足这些要求。

对于测试人员来说，这意味着针对功能安全（FuSi）相关系统，ISO 26262 根据 ASIL 推荐了特定的测试设计技术和测试类型。测试人员只能在具体情况下，在标准允许的范围内自行决策。该标准以所谓的方法表的形式向测试人员推荐了关于测试活动的具体建议。这些表格主要出现在卷 4、卷 5、卷 6、卷 8 和卷 12 中（仅 ISO 26262:2018 版适用于摩托车）。除了针对过程和活动的功能安全特定建议外，其中还包含测试人员要应用的技术。例如，推荐对 ASIL A 采用等价类划分和边界值分析技术。然而，对于 ASIL B 及更高值，则会强烈推荐使用这些技术。

在这种情况下，本标准对所有要使用的技术或活动都使用了统一的通用术语。因此，功能安全（FuSi）术语命名在一定程度上与 ISTQB® 的概念体系有所不同，ISO 26262 中的以下几种方法对测试人员来说特别重要。

（1）测试设计技术（等价类划分、边界值分析等）。

（2）测试执行技术（模拟、车辆测试等）。

（3）测试类型（非功能测试，如性能效率测试、寿命测试 / 耐力测试等）。

（4）测试环境（HiL、车辆等）。

（5）静态测试技术（评审、静态分析等）。

方法表规定了在什么 ASIL 等级时，标准会根据方法表推荐一种方法。方法表的结构始终遵循相同的模式构建，如表 3-8 所示。

表 3-8　方法表的一般示例

		ASIL A	ASIL B	ASIL C	ASIL D
1	方法 A	O	+	++	++
2	方法 B	O	O	+	+
3a	方法 C1	+	++	++	++
3b	方法 C2	++	+	O	O

如前所述，在标准中每种方法的使用取决于 ASIL 级别，通过 ASIL 确定"不推荐（O）""推荐（+）"还是"强烈推荐（++）"。

[①]　在英语文献中的推荐级别使用"高度推荐"，但在德语文献中有时会有不同的翻译（如"高度推荐""强烈推荐"）。为了与课程大纲保持一致，这里使用了"强烈推荐"的翻译。中文文献中大多使用"高度推荐"。

ISO 26262 在其推荐中也提到了替代方法，这些方法在表格中通过添加一个字符来表示（表 3-8 中的第 3a 行和第 3b 行）。例如，这些方法可能相似，但细节处有所不同，适用于不同的 ASIL 级别（标准中的一个典型示例是推荐对 ASIL A 进行走查，并对 ASIL B 及以上级别进行审查）。在这里，测试人员必须选择一个合适的组合，以便能够根据 ASIL 标准验证相关的安全需求。所选择的组合应进行合理说明，在没有替代方法的情况下（如示例中的第 1 行和第 2 行），则不需要进行选择。在这里，测试人员必须使用对于相应 ASIL 等级所强烈推荐的所有方法。根据上一示例，可以使用下面的方法来证明符合 ASIL C 的需求。

方法 A：强烈推荐，如果是根据 ISO 26262 进行开发时通常都应采用。

方法 B：推荐使用，即在有助于证明的情况下使用。

方法 C1 和 C2：此处至少应选择方法 C1，因为它针对 ASIL C 是强烈推荐使用的。

ISO 26262 还允许测试人员使用方法表中所列方法以外的其他方法作为替代方案。然而，在这种情况下，必须证明其选择的替代方法的适用性和合理性。

示例 巡航系统

由于 ULV 项目要满足 ISO 26262 的需求，测试经理托马斯与安全经理斯蒂芬协调组件测试（软件单元测试）的测试范围。客户 BEC 已经宣布，将对这方面作为功能安全评估的一部分进行检查。

从巡航系统功能的危害分析和风险评估（G&R）得出 ASIL C 级的安全需求（见 3.2.5 节）。因此，斯蒂芬和托马斯查阅了 ISO 26262:2018 卷 6 中第 9 章（软件单元验证），以确定该 ASIL 推荐的测试设计技术和测试执行技术。在那里，他们找到如表 3-9 ～ 表 3-11 所示方法表。

表 3-9 软件单元验证方法 [ISO 26262:2018，第 6 部分，第 21 ～ 22 页]

方 法		ASIL			
		A	B	C	D
......[①]	......	......	......	......	......
1j	基于需求的测试	++	++	++	++
1k	接口测试	++	++	++	++
1l	故障注入测试	+	+	+	++
1m	资源使用情况评价	+	+	+	++
1n	模型和代码之间的背靠背比较测试（如果适用）	+	+	++	++

表 3-10 中的条目（1a、1b、1c、…）被列为备选条目。因此，斯蒂芬和托马斯必须选择适合其项目的所有推荐方法（++，+）的适当组合，以满足 ASIL C 的要求。

---

① 这个例子侧重于动态测试，因为这也是本书的重点。此处未列出 ISO 26262 推荐的静态测试方法。

表 3-10　软件单元测试用例的生成方法 [ISO 26262:2018，第 6 部分，第 22 页]

方　　法		ASIL			
		A	B	C	D
1a	分析需求	++	++	++	++
1b	等价类生成与分析	+	++	++	++
1c	边界值分析	+	++	++	++
1d	基于知识或经验的错误猜测	+	+	+	+

表 3-11　软件单元级的结构覆盖度量 [ISO 26262:2018，第 6 部分，第 23 页]

方　　法		ASIL			
		A	B	C	D
1a	语句覆盖	++	++	+	+
1b	分支覆盖	+	++	++	++
1c	MC/DC（修正条件 / 判定覆盖）	+	+	+	++

　　斯蒂芬和托马斯首先考虑表 3-9 中的建议。对于 ASIL C，在组件测试中强烈推荐（++）以下动态测试技术：基于需求的测试、接口测试[1]和背靠背测试。推荐使用故障注入测试和资源使用情况评价（＋）。

　　爱迪森电子在公司组织内部有既定的需求管理过程，并使用 ALM 工具来管理需求。信号和接口的规格说明记录在为 ULV 项目建立的与 OEM 的联合数据库中。软件开发主要是基于模型，这样至少可以对于这些软件部分进行背靠背测试。从这两方面来看，测试依据足以实施标准所强烈推荐的方法。

　　目前，爱迪森电子不打算调查软件组件层面的资源消耗情况。斯蒂芬从硬件开发子项目经理那里获得信息，由于成本原因，最初计划的 CPU 型号将被功能较弱的其他型号所替代。功能较弱的 CPU 可能会带来利用率的瓶颈问题，并且只会在更高的测试级别才能被发现，为了降低此风险，托马斯将资源使用情况的评价分配到组件测试的测试范围中。故障注入测试也仅应用于更高的测试级别。

　　接下来，斯蒂芬和托马斯又参考了表 3-10。其中包括测试设计的推荐：对于 ASIL C，标准中强烈推荐进行需求分析、等价类划分和边界值分析，而基于直觉的测试（错误猜测）仅作为建议。

　　标准强烈推荐的所有测试技术都是托马斯和其从事测试的同事们日常工作的一部分。项目中可用的测试依据也足以支撑实施。因此，托马斯将三种强烈推荐的测试技术纳入组件测试的测试范围。基于直觉的测试仅用于更高的测试级别。

---

① ISO 26262 已经在软件组件（单元）级别提供了接口测试。在那里的重点是单个组件的接口，而不是两个（或多个）组件之间的交互。因此，它不是作为集成测试的接口测试。这在标准中的第 10 章（"软件集成和测试"）中有所介绍。

在表 3-11 中，斯蒂芬和托马斯找到了所推荐的基于结构的测试技术，以及要确定的覆盖度量指标。对于 ASIL C，强烈推荐分支覆盖。语句覆盖和修正条件 / 判定覆盖（MC/DC）仅为推荐。

一段时间以来，爱迪森电子一直在使用分析工具来确定其开发过程中的结构覆盖指标。默认情况下，会评估 MC/DC 覆盖率，以识别未经测试的代码或死代码。然而，ASIL C 标准强烈推荐的分支覆盖目前尚未评估。由于根据现有技术，MC/DC 被认为是更强的指标，斯蒂芬和托马斯认为这里没有风险，并放弃了对分支覆盖[1]进行额外评估。

最后结果

斯蒂芬和托马斯为 ULV 项目中的软件组件测试选择了如表 3-12 所示的方法。

表 3-12　软件组件测试的方法选择

软件单元验证方法		ASIL			
		A	B	C	D
1j	基于需求的测试	++	++	++	++
1k	接口测试	++	++	++	++
1m	资源使用情况评价	+	+	+	++
1n	模型和代码之间的背靠背比较测试（如果适用）	+	+	++	++
导出软件单元测试的 测试用例方法（表 3-10）		ASIL			
		A	B	C	D
1a	分析需求	++	++	++	++
1b	等价类生成与分析	+	++	++	++
1c	边界值分析	+	++	++	++
软件单元的结构覆盖度量 （表 3-11）		ASIL			
		A	B	C	D
1c	MC/DC（修正条件 / 判定覆盖）	+	+	+	++

3.3 AUTOSAR

多年来，软件在汽车中的比重一直在持续增长，这也大大增加了软件开发的费用。AUTOSAR（Automotive Open System Architecture，汽车开放系统架构）是一个标准，用于搭建统一车辆 ECU 的软件架构。这样能使 ECU 软件的开发更加高效，并促进软件的复用。

---

[1]　这本书只涵盖了判定覆盖，在实践中，判定覆盖与分支覆盖相当（但并不完全相同）。5.3.3 节解释了这两个术语，并显示了判定和分支覆盖之间的差异。在 ISTQB® 基础级新课程大纲（FL 4.0 版）中已经用分支覆盖替代了原来的判定覆盖。

AUTOSAR 研发伙伴关系成立于 2003 年，以"在标准上进行合作，在实施中开展竞争"为座右铭。该研发伙伴关系主要由汽车行业的制造商和供应商组成。第一批实施 AUTOSAR 标准的车辆于 2008 年在市场上推出。从那时起，AUTOSAR 在车辆开发中越来越成熟。目前，在车辆中使用 AUTOSAR 的制造商覆盖了全世界约 80% 的市场 [AUTOSAR FAQ]。因此，汽车行业的软件测试人员不可避免地会接触到 AUTOSAR。

3.3.1　目标

AUTOSAR 的主要目标是降低整个软件开发的成本，并减少开发所需的时间。此外，AUTOSAR 还旨在促进软件的复用。为此，基于功能的方法取代了以前面向 ECU 的方法。要开发的功能现在站到了"台前"，而重点不再是单个 ECU 和这些 ECU 上的功能分配。这种新方法也提高了软件向不同车辆和平台变体的可移植性。

AUTOSAR 的其他重要目标[①] 是提高车辆软件的可靠性、可维护性、功能安全性和 IT（信息）安全性。这种标准化还旨在确保软件开发符合相关标准和规范，并与最新技术水平保持一致。

3.3.2　开发方法

上述目标在很大程度上决定了 AUTOSAR 的开发方法和结构。该方法分为以下三个步骤开发系统的总体架构。

（1）逻辑系统架构。

（2）技术系统架构。

（3）ECU 软件架构。

在第一个步骤中，定义了整车的逻辑架构（也称为功能架构）。它将整车层面的功能分为应用软件组件。在 AUTOSAR 中，这样的组件简称为软件组件（Software Component，SW-C）。在上下文中，软件组件（SW-C）（复数形式为 SW-Cs）始终代表 AUTOSAR 语境下的应用软件组件。

此外，逻辑架构描述了各软件组件（SW-Cs）之间的通信关系。SW-Cs 通过所谓的虚拟功能总线（Virtual Functional Bus，VFB；见 3.3.3 节）相互通信。

图 3-15 通过一个示例展示了逻辑系统架构的基本构造。其中定义了 SW-C 1 到 SW-C 3 及它们彼此之间的通信（通过虚拟功能总线），用虚线表示。白色方框表示各 SW-C 的通信接口（端口）。

在第二个步骤中，创建了整车的技术架构。它将每个 SW-C 分配给一个 ECU，并定义了 ECUs 之间总线系统的连接方式。SW-Cs 到 ECUs 的分配决定了 SW-Cs 具体如何相互通信。

---

① AUTOSAR 的所有目标都可以在 AUTOSAR 项目目标中找到 [AUTOSAR 2019c]。

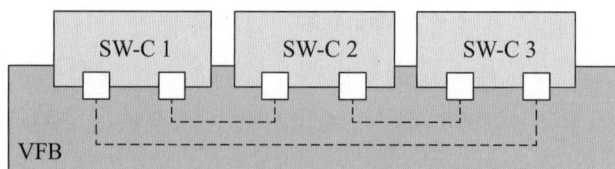

图 3-15 AUTOSAR 逻辑系统架构

图 3-16 显示了技术系统架构的基本构造，与图 3-15 中的逻辑系统架构的示例一致。技术系统架构将 SW-C 1 和 SW-C 2 分配到 ECU A，但将 SW-C 3 分配到 ECU B。在一个 ECU 内，各 SW-C 通过 ECU 上的中介层进行通信。跨 ECU 间则通过车辆总线进行通信。这里仅简要示意出在 SW-Cs 的通信中涉及的两个层，后续将深入探讨。

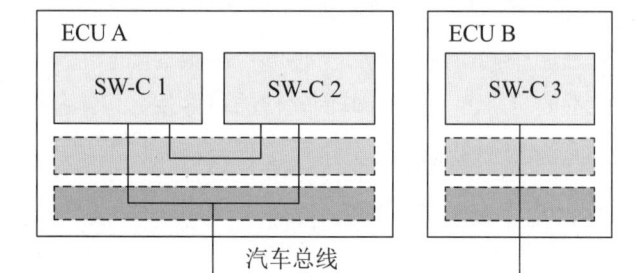

图 3-16 AUTOSAR 技术系统架构

在第三个步骤中，代码生成器从技术架构生成用于所有 ECU 的代码框架，这些框架是在规定的 ECU 上运行软件组件（SW-C）及为实现软件组件（SW-Cs）间通信所必需的。AUTOSAR 中 ECU 的软件架构由以下三层组成。

（1）应用软件，由各 SW-C 组成。

（2）运行时环境（RTE），一种中间件。

（3）基础软件（BSW）、硬件连接和服务。

图 3-17 显示了与上述示例相对应的基本 ECU 软件架构。它为单个 ECU 详细定义了所有层上的软件组件及其相互作用。以下章节将详细介绍上文中的三个开发步骤，并使用巡航系统示例进行说明。

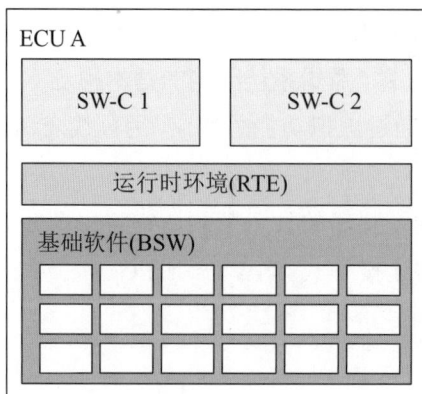

图 3-17 AUTOSAR ECU 软件架构

3.3.3　逻辑系统架构

虚拟功能总线是 AUTOSAR 中逻辑系统架构 [AUTOSAR VFB] 的核心概念。通过该逻辑总线允许各 SW-C 在整车中相互通信。SW-Cs 具有被称为端口的输入和输出接口。SW-Cs 通过端口交换数据（发送端 / 接收端端口）或调用功能（客户机 / 服务器端口）。

逻辑架构确定了哪些 SW-Cs 可以彼此通信。通过虚拟功能总线，通信不受此后 SW-Cs 是否位于同一 ECU 上的限制，与之无关。这使得开发更加灵活，因为只有在开发接近尾声时，才有必要做出最终决定，将哪些 SW-Cs 分配到哪些 ECUs。

示例　巡航系统

在巡航系统中，7 个软件组件（SW-Cs）协同工作，以实现巡航系统的功能（见图 3-18）。SW-Cs 对应于 1.3.2 节和 3.2.5 节中的软件组件；在这些章节中已经对它们进行了更详细的描述。图 3-18 中 SW-Cs 边缘的小方框表示端口。框中的三角形表示一个端口作为数据的发送端或接收端。端口附近是端口传递信号的名称。这些信号汇总在表 3-13 中。表 3-13 将表 1-1 和表 3-7 中的信号一起列出，以便读者查阅。

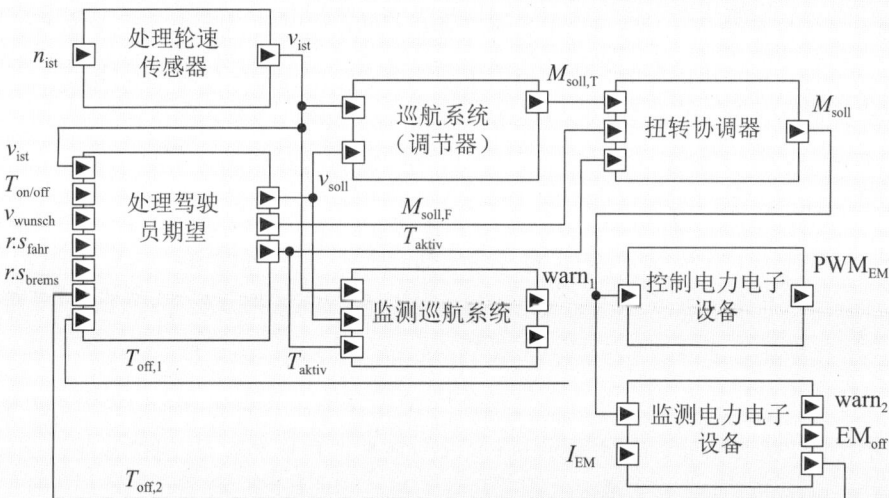

图 3-18　巡航系统的逻辑系统架构

表 3-13　巡航系统信号

信　号	说　明
EM_{off}	出于安全原因关闭电机
I_{EM}	流向电机的电流强度
M_{soll}	综合目标扭矩
$M_{soll,F}$	基于加速踏板的目标扭矩
$M_{soll,T}$	基于巡航系统的目标扭矩
n_{ist}	4 个轮速传感器的值

续表

信　号	说　明
PWM_{EM}	控制电机的脉宽调制信号
$r.s_{brems}$	制动踏板的位置
$r.s_{fahr}$	加速踏板的位置
T_{aktiv}	巡航系统的实际活动状态
$T_{off,1}$	出于安全原因禁用巡航系统
$T_{off,2}$	出于安全原因禁用巡航系统
$T_{on/off}$	驾驶员请求巡航系统的激活状态（打开 / 关闭）
v_{ist}	车辆当前速度（当前车速）
v_{soll}	巡航系统车辆的目标速度（目标车速）
v_{wunsch}	驾驶员首选的巡航系统速度
$warn_1$	向驾驶员发出停用警告（出于安全原因）
$warn_2$	向驾驶员发出停用警告（出于安全原因）

3.3.4　技术系统架构

技术系统架构描述了 SW-Cs 从逻辑系统架构到各个 ECU 的分布，它还描述了各 ECU 如何相互连接，通常通过 CAN 或以太网等总线系统。为了使不同的总线系统相互连接，ECU 也可以充当网关，将消息从一个总线系统转发到另一个总线系统。

示例　巡航系统

巡航系统的 7 个 SW-Cs 在技术架构中分别在两个不同的控制单元（ECUs）：发动机控制单元和电力电子控制单元（见图 3-19）。这样分开的根本原因是保证电力电子设备在其他客户项目中具有更好的可复用性。在划分过程中，传感器、巡航系统和相关监测的处理被转移到发动机控制单元。电力电子设备的控制和相关联的监测被分配到电力电子控制单元。两个 ECUs 上的 SW-Cs 之间的通信通过 CAN 总线进行（见 1.3.2 节）。

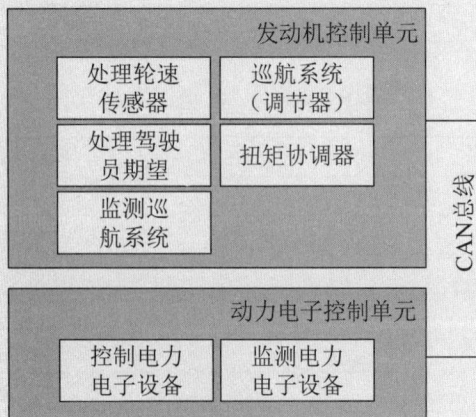

图 3-19　巡航系统的技术系统架构

3.3.5 ECU软件架构

图 3-20 显示了 AUTOSAR Classic 平台 [AUTSAR 2019b] 的分层架构。目前，大多数 AUTOSAR ECU 都使用该平台 [1]。该架构由三层组成：基础软件、运行时环境和应用软件。

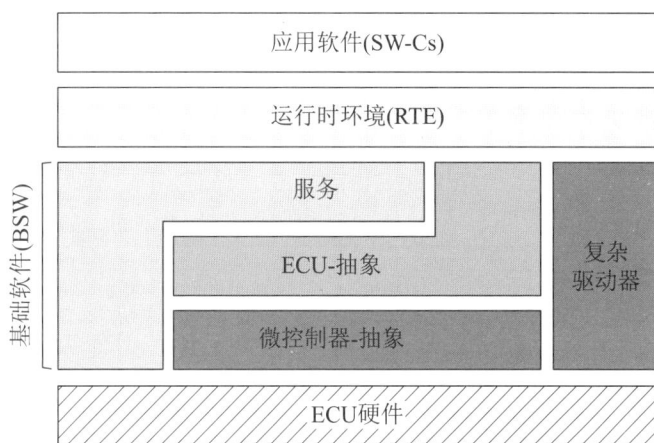

图 3-20　AUTOSAR Classic 平台的分层架构

基础软件（BSW）实现了 ECU 与硬件相关的基本功能。例如，BSW 主要用于控制单元与车辆总线及连接的传感器或执行器的通信。BSW 由大量标准化组件组成，每个组件都承担定义明确的任务。BSW 的底层抽象了 ECU 硬件的微控制器的特性，因此被称为微控制器抽象层。这使得更高层级不依赖于具体的微控制器。BSW 的中间层抽象出整个 ECU 硬件，因此被称为 ECU 抽象层。如果在 ECU 电路板上除了微控制器之外还安装了其他模块，而且这些模块会被软件使用（如总线接口或者存储等），就需要 ECU 抽象。BSW 的上层为更高层提供必要的服务。例如，这些服务包括操作系统，其也需要直接访问 ECU 硬件的某些功能。

复杂驱动器（Complex Device Driver）使得未被 AUTOSAR 标准化的微控制器或 ECU 硬件的特性也能集成到软件架构中。例如，MOST 总线或专用于传感器或执行器的接口的驱动。

应用软件层实现了 ECU 控制单元的实际功能，它由应用软件组件组成。其中包括逻辑系统架构中的 SW-Cs。通常，有用于连接传感器和执行器的 SW-Cs，以及用于信号处理、控制和调节的 SW-Cs。

运行时环境（RTE）是应用软件层和 BSW 层之间的中间件。该运行时环境实现了控制单元上的 SW-Cs 之间的彼此通信。此外，它还允许单个 SW-C 与 BSW 的服务进行通信，以实现例如通过总线系统与另一个 ECU 上的某个 SW-C 进行数据交换。

---

[1]　除了经典（Classic）平台，还有自适应（Adaptive）平台，用于开发驾驶员辅助系统和自动驾驶功能的 ECU。这两个平台都基于一个共同的基础。

示例 巡航系统

图 3-21 以发动机 ECU 为例，显示了 ECU 软件架构，应用软件层由巡航系统的 5 个 SW-Cs 组成。其下方是自动生成的 RTE，它实现了 SW-Cs 之间以及与 BSW 层组件之间的通信。BSW 层的组件主要提供用于管理资源和连接 ECU 硬件的服务。有关所用 BSW 层组件的更详细说明请参见 [Kindel，Friedrich 2009] 或标准规格说明 [AUTOSAR Classic]。

图 3-21 发动机 ECU 的 AUTOSAR 软件架构

3.3.6 ECU软件的生成

AUTOSAR 提供了一种机制，根据技术架构的决策为每个 ECU 生成适合的 RTE，生成过程确保了所有 SW-Cs 无论位于哪个 ECU 上都可以相互通信。

每个 SW-C 都有一个配置文件，以描述与其他 SW-Cs 的通信关系，以及从 BSW 层所需的服务。更多的配置文件定义了整车架构和各个 ECU 的属性，例如，哪些 SW-Cs 位于 ECU 上，以及 ECU 连接到哪些总线系统。根据这些配置文件中的信息，AUTOSAR 工具为每个 ECU 生成适当的运行时环境。这种方法将 SW-Cs 之间的通信从逻辑系统架构映射到由 ECU 和总线系统组成的技术系统架构中。随后，如果为每个 ECU 再添加必要的 BSW 层组件，就得到了 ECU 的完整技术软件架构。

3.3.7 对测试的影响

AUTOSAR 标准对系统和 ECU 的测试有很大影响。一方面，它确定了在开发过程中有哪些测试对象（例如 SW-Cs）及它们具有哪些接口。另一方面，它允许在逻辑系统架构、技术系统架构和 ECU 软件架构等层面上构建特定的 AUTOSAR 测试环境。得益于标准化的 AUTOSAR 接口，为测试对象创建虚拟测试环境变得容易很多。部分测试环境甚至可以通过配置文件中指定的接口自动生成。以下示例说明了测试人员如何在不同的测试级别利用 AUTOSAR 的特性进行测试。

1. 软件组件测试

虚拟功能总线的概念极大地简化了 SW-C 的早期组件测试。人们可以借助合适的虚拟功能总线模拟与要测试的 SW-C 进行耦合，来模拟其他所需的 SW-Cs。这样既不需要其他 SW-Cs 的实现，也不需要 RTE 或 BSW。如果 SW-C 作为功能模型存在（例如，在 MATLAB/Simulink 中），那么这就相当于一个模型测试环境（见 4.2.1 节）。

通过这种方式测试人员可以在开发的早期阶段测试 SW-Cs，以尽早发现错误。最重要的测试目的是确保 SW-C 的功能。同时也可以对 SW-C 的时间特性及健壮性做出初步评价。

> **示例　巡航系统**
>
> 测试人员提姆希望为处理轮速传感器的 SW-C 建立一个组件测试环境。为此，他使用了一个特定的 AUTOSAR 测试工具，该工具根据测试对象的接口描述自动生成必要的测试环境。测试环境向测试对象的输入端口提供必要的输入数据（此处为 4 个车轮的转速），并读取输出端口的输出（此处为车辆实际速度）。由于测试对象不是调节器，因此开环测试环境（见 4.2 节）就足够了。另外，对于 SW-C 巡航系统（调节器）的组件测试，则需要一个具有环境模型的闭环测试环境（见 4.2 节）。

应用层一般在 AUTOSAR 开发项目中处于重要位置。AUTOSAR 项目通常不开发 BSW 层组件，而是从供应商那里购买并适当进行配置。因此，BSW 层组件的组件测试通常是供应商的任务。然而，由于 BSW 层组件存在大量的配置选项，可能存在供应商没有测试到开发项目所使用的配置的风险，从而忽略了错误。

对于每个 BSW 层组件，AUTOSAR 标准提供了一个详细的规格说明文档，测试人员可以从中导出测试用例。此外，测试人员可以从规格说明文档中了解到测试对象与其他哪些 BSW 层组件进行通信。由此，测试人员可以推断出测试特定 BSW 组件所需的其他组件，而这些组件可以是真实的，也可以是模拟（仿真）的。此外，测试人员后期还可以导出 BSW 层集成测试中需要测试的接口。

2. 软件集成测试和软件测试

单个 SW-C 的组件测试完成后，可以通过虚拟功能总线模拟对多个 SW-Cs 进行集成测试，直至集成整个应用软件。测试的目的是使多个 SW-Cs 在其公共接口处正确协同工作。得益于虚拟功能总线，这既适用于单个 ECU 的应用软件，也适用于跨 ECU 的应用软件。

示例　巡航系统

测试人员提姆希望集成巡航系统功能中涉及发动机控制单元的所有 SW-Cs。AUTOSAR 测试工具为运行时环境（RTE）模拟生成必要的代码，RTE 模拟将 SW-Cs 相互连接。通过环境模型，闭环测试环境闭合了巡航系统的控制回路。现在，提姆可以在功能测试中模拟不同的驾驶情况和用户要求，并观察巡航系统在（通过环境模型）模拟的车辆中的表现。

由于一个开发项目中的 BSW 层组件通常来自多个供应商，因此在开发过程中对其进行集成往往是一个重大挑战。尽管 AUTOSAR 定义了每个 BSW 层组件的接口，但不同的供应商可能会对接口做出不同的解释，从而使 BSW 层组件无法完美地交互。因此，AUTOSAR 项目中应尽可能从少数供应商处采购 BSW 层组件。这样做是希望每个供应商都已经测试过其供应的 BSW 层组件的集成，并在出现任何集成问题时能够提供更好的支持。

一旦应用软件和基础软件（BSW）成功集成后，下一个集成步骤就开始了，即整个软件的集成。测试人员会将应用软件、生成的运行时环境（RTE）和基础软件（BSW）结合在一起。他们通过与硬件相关的 BSW 组件的接口来触发测试对象，并使用合适的工具观察 RTE 接口的行为，既可以从应用软件一侧，也可以从 BSW 一侧进行观察。例如，测试人员模拟总线消息的到达，并观察消息中的信号值是否正确传递到 SW-Cs 相应端口。如果生成的 RTE 提供了合适的测试接口，则观察会变得更加简便。

示例　巡航系统

测试人员提姆想在他开发用 PC 上测试整个发动机控制单元的软件。他使用 AUTOSAR 软件生成器生成必要的代码框架，并将 SW-Cs 的代码嵌入代码框架中，然后，他将整个软件翻译成开发用 PC 上的机器代码。

通过 BSW 的 CAN 总线驱动组件，提姆在开发用 PC 测试环境中触发测试对象，模拟包含轮速传感器的传入测量值的 CAN 消息。然后，他检查 RTE 是否为处理轮速传感器的 SW-C 的相应端口提供了正确值。应用软件基于获得的车辆新的实际速度生成电机的新目标扭矩。由于该信息的接收方，控制电力电子设备的 SW-C 位于另一个 ECU 上，提姆还可以观察 RTE 是否向 BSW 传输了正确的目标扭矩，以便 BSW 发送包括目标扭矩的相应 CAN 消息。

由于集成软件不是在目标硬件上运行，而是运行在开发用的 PC 上，提姆尽管可以测试功能，但只能在有限的范围内测试实际的时间行为或内存消耗情况。如果后者也是集成过程中的测试目标，提姆必须使用微控制器模拟或研发板卡（配备目标硬件的微控制器）来运行软件。或者，他将这些测试内容后移至 ECU 测试阶段。

3. ECU集成测试和ECU测试

软件与 ECU 硬件的集成是 ECU 测试的第一步。通常，测试人员借助于 ECU 的诊断功能在硬件上安装加载待测软件（所谓的刷写）。这本身实际上就已经是第一个用于检查 ECU 可刷写性的测试用例。如果软件刷写失败，进一步测试则将毫无意义，因为该软件不可执行。

软硬件集成测试的重点是 ECU 硬件和软件之间的直接接口。在 AUTOSAR 中，一小部分标准化 BSW 组件实现了这些接口。因此，测试人员可以从相应的 BSW 组件规格说明中导出适用于集成的测试用例。如果能在运行时观察单个 BSW 组件，例如使用调试器（Debugger），则测试可以在完全集成的 ECU 上进行。否则，测试人员也可以生成一个仅由 ECU 硬件上的 BSW 组成的测试对象。为此，测试工具会补充一个 RTE，用于触发和观察 BSW。此外，测试工具还可以生成其他的测试接口，使测试人员能够单独观察单个 BSW 组件。

当 ECU 软件完全实现并与 ECU 硬件都可用，而且两者成功集成后，就可以对 ECU 进行整体测试。传统上，这是一个针对 ECU 规格说明的黑盒测试。通过 ECU 的硬件接口进行触发和观察。在这一点上，AUTOSAR ECU 和传统 ECU 之间的区别并不显著。

由于软件现在在目标硬件上运行，因此测试重点也放在那些应该属于前期的测试级别，但实际上却又无法在前期进行测试的测试目标上。从逻辑系统架构或技术系统架构生成的 RTE 测试接口用于触发、观察及对 SW-Cs 运行时的测量。这些测试接口支持在 ECU 上进行的组件测试和集成测试，并提供有关各 SW-Cs 实时行为的可靠信息。

示例　巡航系统

测试人员提姆希望在目标硬件上和实时条件下，对应用层的性能效率进行重点测试。他借助于工具生成了 ECU 软件，其中包括具有丰富测试接口的 RTE。该 RTE 可以直接触发单个 SW-C，并直接测量与其他 SW-Cs、RTE、BSW 和 ECU 硬件协同工作时的响应时间。例如，在这种测试环境中的安全相关测试用例，用它来检查对应巡航系统监测功能的 SW-C 能否快速识别一个意外加速，并通过迅速关闭巡航系统做出响应。

---

4. 系统集成测试

如前所述，在虚拟功能总线模拟（仿真）的基础上，可以实现跨 ECU 软件组件（SW-Cs）的虚拟集成。这使得测试人员能够集成整个 E/E 系统的 SW-Cs，并对其进行一体化测试。由于这里集成了不同 ECU 的 SW-Cs，因此，这是一种针对 E/E 系统的虚拟集成测试。测试的重点是 E/E 系统的功能及分布在不同 ECU 上的 SW-Cs 之间的接口。然而，由于缺乏真实的硬件，性能效率等测试目标无法实现。

如果 E/E 系统的单个 ECU 逐步完成，则可以进一步开发用于虚拟系统集成测试的测试环境，从而可以做到在虚拟功能总线上模拟运行那些还没有 ECU 的 SW-Cs，而其余部分则在真实硬件上运行。

3.4 各标准比较

作为汽车行业 ECU 软件开发的一部分，测试人员会接触到 ASPICE、ISO 26262 和 CTFL 的要求。这三个标准都是由具有不同目标的不同利益相关方制定的，这也是为何他们的要求和定义并不总是一致的原因之一。

为了在开发中进行高效且有效的协作，测试人员需要了解每个标准在测试方面的要求。为了让测试人员更容易进入此行业并有所提升，本书对这些标准的目标进行了比较，然后对各自的测试级别及所需的测试技术和测试方法进行了对比。

3.4.1 目标

许多标准和规范对产品研发提出了要求，它们通常关注研发的不同方面。

ISO 26262 旨在通过规定适当的要求和过程，避免开发中的系统性错误和运行过程中的随机硬件错误所带来的风险。对于 E/E 系统的开发，ISO 26262 定义了测试人员所采用过程的要求，并详细规定了方法。尽管 ISO 26262 规定了过程，其仍然最终要专注于创建的产品，并希望确保其质量。因此，ISO 2626 还根据产品或单个功能的 ASIL（汽车安全完整性等级）的级别，规定了应用方法的具体规范。

ASPICE 描述了对过程能力的要求。为此，ASPICE 定义了指标，即独立于产品 ASIL 分类的可评价标准，并使得过程的评估成为可能。ASPICE 旨在提高过程的质量。在评估中，可以对具体项目的过程能力进行评估，并根据评估结果在项目中进行改进。

3.4.2 测试级别

ISO 26262 和 ASPICE 包含与软件或嵌入式系统相关的测试级别。这些系统通常由软件和硬件组成。相比之下，CTFL 侧重于软件测试或具有商业 IT 基础设施的 IT 系统的测试。尽管如此，CTFL 的大部分内容可以容易地应用于嵌入式系统的测试。

表 3-14 将三个标准的测试级别与汽车行业的典型测试级别进行了比较，其中重复出现了 CTFL 的某些测试级别。为了进行比较，CTFL 的通用测试级别通过添加与测试级别相关的测试对象进行了补充。汽车行业的典型测试级别通常是基于制造商的视角进行分类。

表 3-14 测试级别的分配

汽车行业的典型 测试级别	ASPICE	ISO 26262	CTFL （ISTQB 基础级）
面向客户的测试 / 董事会 驾驶 / 记者发布会驾驶	—	—	验收测试 （整车）

汽车行业的典型测试级别	ASPICE	ISO 26262	CTFL（ISTQB 基础级）
车辆测试	系统合格性测试（SYS.5）	安全确认[①]（4-8）	系统测试（整车）
整车集成测试	系统集成和集成测试（SYS.4）	整车集成和测试（4-7.4.4）	系统集成测试（整车）
系统测试（子系统）	系统合格性测试（SYS.5）	系统集成和测试（4-7.4.3）	系统测试（子系统）
系统集成测试（子系统）	系统集成和集成测试（SYS.4）		系统集成测试（子系统）
系统测试（ECU）	系统合格性测试（SYS.5）	硬件 / 软件 - 集成和测试（4-7.4.2）	系统测试（ECU）
系统集成测试（ECU）	系统集成和集成测试（SYS.4）		系统集成测试（ECU）
软件测试	软件合格性测试（SWE.6）	嵌入式软件测试（6-11）	系统测试（软件）
软件集成测试	软件集成和集成测试（SWE.5）	软件集成和验证（6-10）	组件集成测试（软件）
软件组件测试	软件单元验证（SWE.4）	软件单元验证（6-9）	组件测试（软件）

关于测试级别的解释说明

本书中测试级别的数量和分配反映了作者的观点和解释，并不代表其完整性或正确性。该表旨在帮助初学者更容易入门，并更好地了解测试级别。测试级别的设计在实践中可能会有所不同。

与课程大纲相比，本章中的测试级别对照表格内增加了一列汽车行业的典型测试级别。此外，与课程大纲不同，本章的考量基于 2018 年版的 ISO 26262。因此，这里提到的 ISO 26262 测试级别和在当前 CTFL AuT 课程大纲中所引用标准的测试级别有所不同，CTFL AuT 当前课程大纲中参考的是 2011 年版的 ISO 26262。

进行考试准备时，建议参考 CTFL-AuT 课程大纲中的原始表格。课程大纲表可参考附录 C。

在与软件测试相关的测试级别上，三个标准在内容上非常一致。所有这三个标准都要求在集成之前测试单个组件（单元）。在随后的集成测试中，主要将对组件之间的接口进行测试，特别是测试接口处的协作。最后一步是测试完整集成的软件，即由软件组件组成的系统。

---

① 安全确认（Safety Validation）仅覆盖系统合格性测试的一部分。

在成功测试软件系统之后，接下来将进行软件和硬件的集成。因此，下一步的集成测试级别涉及软件和硬件之间的接口测试。随后的测试级别旨在测试完整集成的系统（此处为 ECU）。虽然 ASPICE 和 CTFL 明确标识了这两个测试级别并且其名称相似，但 ISO 26262 采用了不同的方法。它将集成和集成测试及后续的系统测试整合在一个章节中，尽管从 ISO 26262 的章节名称来看，无法看出这两个测试级别被合并在了一起，然而，通过相关要求和相应方法表可以推断出，ISO 26262 对硬件和软件不仅要求进行集成测试，而且要求系统测试。

在接下来的两个测试级别中，重点集中在车辆系统的其中某一个部分，即子系统上。子系统中仅包含测试范围所需的硬件 / 软件系统（ECU）。该子系统可能是一个功能（如巡航系统）、一个条目 / 项（见 ISO 26262）或一个域（如传动系统 / 动力总成）。与 ISO 26262 不同，ASPICE 不区分 ECU 系统和子系统。由于这个原因，过程 SYS.4 和 SYS.5 可以交替地应用于实现逐级集成。

在最后一个集成级别，ISO 26262 涉及整车集成和车辆测试。整车集成测试侧重于子系统的接口，而车辆测试[1] 侧重于完整集成的车辆的测试。这三种不同级别（ECU、子系统和车辆系统）的动机在于 ISO 26262 为各个集成阶段推荐了不同的方法（见 3.2.6 节）。

在车辆测试层面，ISO 26262 还有一个特点。ISO 26262 的目的是确保 E/E（电子 / 电气）系统的功能安全。这包括最终由制造商对车辆进行安全确认，因此在 ISO 26262 中被列为一个单独的测试级别。由于车辆的安全确认是车辆测试的一个特殊方面，因此表中的安全确认被归入车辆测试的级别。

与 ISO 26262 相比，ASPICE 不区分子系统和车辆系统。因此，对于逐级集成，可交替使用 SYS.4 和 SYS.5 过程。

ASPICE 和 ISO 26262 未正式考虑验收测试。CTFL 的验收测试基于通用的 V 形模型。其特点是客户测试并接受其订购委托的产品。在车辆开发的背景下，这些客户不是最终客户，而是内部客户和客户的代表。

例如，许多制造商进行所谓的以客户为导向的测试。制造商会将要测试的车辆交给员工和开发合作伙伴使用。作为回报，他们需要提交一份关于驾驶体验的报告。

制造商也希望通过媒体记者试驾并对新车的驾驶行为进行类似的评估。在这种情况下，媒体代表（例如来自汽车杂志的记者）会测试新车并给出颇具批判性的关键反馈。这在广义上也可以视为一种验收测试。

案例　麋鹿测试

在这一点上，应该参考新闻界进行的麋鹿测试 [FAZ 2017]，该测试阻止了车辆的道路放行。

---

[1] 供应商在制造商提供的车辆上安装系统并进行测试时，也经常会使用"车辆测试"一词。但是，这不是车辆测试。在这个测试级别，车辆只是测试环境，而不是测试对象。这时的测试对象是供应商开发的系统。

　　从制造商的角度来看，公司的董事会也是车辆开发的委托方。因此，整车的验收测试也会被分配给制造商的董事会，通常被称为董事会试驾。

3.4.3　测试技术和方法

　　CTFL 采用了基于 ISO 29119 选定的测试技术和测试方法，这些技术和方法在很大程度上可以独立于测试级别使用。对于这些技术和方法的选择由测试经理负责，通常取决于具体的项目和产品特性（见 5.4 节）。

　　ASPICE 没有规定测试技术，也没有规定哪些技术适用于哪些测试级别。然而，ASPICE 需要一个特定级别的测试策略，为项目确定合适的测试技术。测试经理负责确定这些特定级别的测试策略，选择测试技术和测试方法。

　　与此相比，在 ISO 26262 中，每个测试级别都有单独的方法表（见 3.2 节）。根据 ASIL，相应的方法表为测试经理提供了要使用的测试技术和方法的建议。

　　对比这三个标准的要求，ISO 26262 包含关于要应用的测试技术的大部分细节（取决于 ASIL）。CTFL 和 ISO 29119 提供了许多适用于大多数测试项目的测试技术和方法，但不包含单个测试级别的具体规范和要求。ASPICE 要求为项目选择合适和合理的测试技术，但没有制定任何具体规范和要求。关于所有三个标准的测试技术和测试方法的最终决定权都在于测试经理。

第4章　虚拟测试环境

本章介绍了汽车行业测试中特别常用的专业测试环境，特别是如下三种测试环境。

（1）模型在环（Model-in-the-Loop，MiL）测试环境。

（2）软件在环（Software-in-the-Loop，SiL）测试环境。

（3）硬件在环（Hardware-in-the-Loop，HiL）测试环境。

此外，本章还介绍了不同的测试环境适用于哪些测试目的，以及不适用于哪些用途。

4.1　基础知识

在汽车（子）系统的开发过程的各步骤中都会创建不同的工作产品，例如：

（1）功能模型。

（2）软件组件。

（3）集成软件。

（4）ECU 板卡。

（5）单个 ECU。

（6）多个 ECU 的组合。

（7）整车 E/E 系统。

（8）整车。

为了尽早发现错误，测试人员不仅要检查 E/E 系统或整车，因为这些系统只能在开发的后期才能进行全面测试，还要测试其他工作产品，如在开发的早期就可以进行软件组件的测试。测试结果应尽可能真实地反映各个测试对象在车辆中的后续行为表现。这也对不同的测试环境提出了特殊要求。

　　工作产品的测试需要专门的测试环境，这些环境能够模拟车辆 E/E 系统中运行所需但却又缺失的部分。由于涉及模拟仿真，这些环境被称为虚拟测试环境[①]。虚拟测试环境支持模拟特殊的故障情况，这些故障情况在测试 E/E 系统时通常无法或难以复现，例如，ECU电路板上的短路或线束中的断线。最后，虚拟测试环境通常还必须能模拟 E/E 系统的环境，例如，正确映射测试对象中被调节器通过闭环调节的调节对象。调节对象通常包括 E/E 系统的环境。例如，在自适应巡航系统的情况下，环境模型会模拟自身车辆和前方车辆在道路上的行为。

示例　巡航系统

　　开发人员诶利卡为处理轮速传感器的 SW-C 编写代码（有关 SW-C，请参见 3.3.3节）。根据项目的测试策略，开发人员应该自行对已提交的代码进行软件组件测试。当诶利卡完成该 SW-C 的一个可测试版本后，她就会在开发用计算机上的测试环境中执行相应的软件组件测试。对于该测试，不需要其他 SW-Cs，也不需要 ECU 硬件或整车。这项测试已经可以很好地测试该 SW-C 的功能。然而，由于测试中的软件不是在目标硬件上运行的，并且不能观察到它与其他 ECU 软件协同工作的情况，因此关于车辆中实时行为的评价是很有限的。

　　为了能运行测试对象，测试人员会将测试对象嵌入测试环境中（见图 4-1）。测试人员可以触发测试对象的输入（控制点（Point of Control，PoC））并观察其输出（观察点（Point of Observation，PoO））。测试环境利用测试对象的接入点，如 CAN 收发器，来触发和观察测试对象。在图 4-1 中将接入点表示为白色方块。接入点通常是外部接口。然而，接入点也可以位于测试对象内部，这对于内部触发和内部监测尤其有用，例如，用于设置或读取软件中变量的值。

图 4-1　测试环境构造

　　测试框架是测试环境的一部分，它通过测试对象的接入点与测试对象直接协同交互。测试执行的控制是由系统控制负责，它通过测试框架触发测试对象。测试对象的输出由测试框架处理后传递给系统控制。因此，需要在测试框架和系统控制之间建立一个通信接口。

[①]　虚拟测试环境不应与虚拟化测试环境混淆。虚拟化测试环境在计算机（如云）上的虚拟机中运行。

4.1.1 测试对象

为了能够确定合适的测试环境，测试人员需要有关测试对象特性的全面信息，特别重要的是测试对象与外部的接口，因为这些接口可以用作接入点使用。ECU 通常具有模拟和数字接口（输入和输出）及到总线系统的接口和诊断接口，但同时也具有测试接口。ECU 的接口主要通过 ECU 上的引脚来实现。在少数情况下，ECU 还具有无线接口，例如，WLAN 或移动通信。

ECU 测试环境的要求可以从以下几个主要来源获得，例如：

（1）通信信息，即通过总线系统发送和接收的消息。通常，每个总线系统都有一个数据库，例如，遵循 ASAM 标准 MCD-2 NET[ASAM MCD-2 NET]。

（2）协议信息，即通信中用于传输单个比特，直至传输整个消息的协议描述。这些协议通常被标准化地记录在相应标准中，例如，CAN[ISO 11898] 或 LIN[ISO 17987] 的总线协议，又如 UDS[ISO 14229] 的诊断协议和 XCP[ASAM MCD-1 XCP] 的测量 / 校准协议。

（3）信号信息，即通过总线消息或其他端口接收或发送的数据，以及有关信号编码 / 解码的信息。在总线系统中，信号信息通常被集成到用于通信信息的数据库中，因为消息包含一个或多个信号。

（4）诊断信息，即通常通过总线系统或特殊诊断接口接收和发送的诊断信息及其含义。通常，每个 ECU 有一个数据库，例如，遵循 ASAM 标准 MCD-2 D[ASAM MCD-2 D]。

（5）引脚，即 ECU 的引脚列表，以及每个引脚的用途和电路信息。通常，每个 ECU 有一个数据库。

（6）测试接口，即用于测试的特殊接口，用于例如读取或修改存储器内容。通常，每个 ECU 有一个数据库，例如，遵循 ASAM 标准 MCD-2 MC[ASAM MCD-2 MC]。

AUTOSAR 提供了一种方法来记录有关 E/E 系统、ECU、总线系统和各应用软件组件（SW-Cs）的信息，并以 XML 文件（ARXML）格式进行存储 [AUTOSAR 2019d]。因此，对于 AUTOSAR 系统，测试工具可以从 ARXML 文件中提取上述许多信息。

4.1.2 测试框架

测试环境的测试框架分为以下三部分（见图 4-2）。

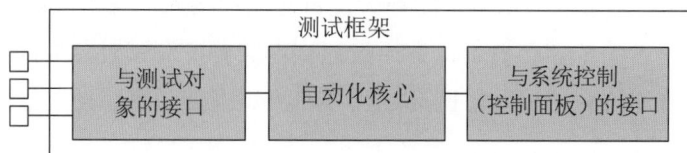

图 4-2 测试框架的构造

（1）与测试对象的接口。

（2）与系统控制的接口。

（3）自动化核心。

与测试对象的接口通过合适的连接器实现对接入点的访问。在诸如 ECU 的输入引脚之类的输入端，接口生成电信号以模拟例如通常连接在该位置的传感器的值。对于 ECU 的输出引脚等输出端，接口读取电信号，并根据接入点的类型（如脉宽调制 PWM）对其进行解释。ECU 的总线接口既是输入端也是输出端。

与系统控制的接口根据其规范对自动化核心进行控制和参数化。此外，它还记录自动化核心提供的测量值，并将这些测量值传递到系统控制。

测试框架的自动化核心有两个主要任务：外部逻辑和测试自动化。外部逻辑确保给出测试对象在输入和输出（包括总线消息）之间的预期关联。例如，外部逻辑可以连接总线通过剩余总线模拟仿真来实现，或者在带有传感器和执行器的调节器上通过环境模型来实现。

图 4-3 显示了自动化核心的构造。接口模型、受控体模型、通信模型和行为模型负责外部逻辑。对于测试自动化，有一个单独的组件负责测试执行。

图 4-3　自动化核心的构造

环境模型由一个受控体模型和一个接口模型组成。受控体模型模拟受控系统（的物理过程）。接口模型将接口向测试对象提供的测试对象的输出（控制量）转换为受控体模型合适的输入量。此外，接口模型将与测试对象相关的受控体模型量（调节量）转换为合适的测试对象的输入，并将其继续传递到测试对象的接口。如果测试对象不包含调节器，则受控体模型要简单得多，甚至可以完全删除。

对于像总线这样的通信接口，通信模型在测试对象接口和行为模型之间进行调解。行为模型模拟其他总线参与者的行为，例如，这些参与者定期主动发送消息，但同时也会对来自测试对象的消息做出响应。这种模拟仿真称为剩余总线模拟。如果不需要模拟其他总线参与者的反应行为，则行为模型可以大大简化甚至完全省略。

由于成本原因，行为模型和受控体模型的性能通常有限。由于原始行为（即所模拟的其他总线参与者的行为）的复杂性，行为模型常常会达到其极限而难以应对。同样的问题也会在具有复杂行为的控制对象的受控体模型上遇到。因此，在选择要执行的测试用例时，测试人员必须考虑是否可以使用行为模型和受控体模型获得可靠的测试结果。

测试自动化影响自动化核心的外部逻辑，用于在测试对象上执行测试用例。为此，测试自动化会创建特定初始条件，执行各个测试步骤，收集测试对象对这些测试步骤的反应，并根据事先定义的预期反应来评估这些实际结果。

测试框架的技术实现通常包括以下几类构件。

（1）硬件，如控制计算机和可能需要的实时模拟计算机。

（2）软件，如操作系统、模拟软件和环境模型。

（3）测试对象环境中的真实部件（如传感器或执行器）。

（4）通信工具，如网络连接和数据记录器。

（5）示波器和测量仪器等工具。

（6）防止不必要的外部干扰的防护设施，如电磁辐射或振动。

4.1.3　系统控制

系统控制为测试环境的功能提供了一个交互式接口。借助于这个接口，测试人员可以将测试用例实现为可自动化执行的测试脚本，并让其自动运行。测试人员可以将多个测试用例组合成一个测试套件，以整体方式运行。或者，测试人员可以手动执行单个测试用例。在手动和自动执行中，系统控制都使用自动化核心来执行测试，并向测试人员展示每个测试用例的执行过程及其结果。

这里的结果包括测试过程中记录的测试对象所需输入和输出（可能还包括内部量值）的测量值，以及所有连接的总线系统上记录的消息。测试人员可以利用这些记录来评估测试结果，也可以使用工具进行评估（自动测试评估）。当然，这些记录也可以帮助开发人员分析失效的原因，以界定缺陷（失效的原因）。此外，在产品追责的情况下，可能有必要提供测试运行的详细记录。因此，系统控制会保存每次测试运行的记录。

根据记录数据的类型会有不同的记录形式。系统控制会以一定的采样率和时间戳连续记录电输入和输出，以及测试对象的内部量值。另外，总线消息也作为带有接收时间戳的单独数据报文。某些测试对象还具有数字音频、视频或传感器原始数据流，系统控制也会用时间戳记录这些数据。时间戳通常是相对于测试用例执行开始的时间给出。

在自动化测试用例的情况下，系统控制根据记录和测试用例中预期结果来判定测试用例是否通过。对于手动测试，测试人员必须自行做出判定并进行记录。然后，系统控制根据记录和测试状态（通过、失败、未执行等）自动生成测试执行的测试报告。

4.2　测试环境类型

不同类型的测试对象需要不同的测试环境。开环测试系统特别适用于带有控制的系统，例如，在舒适性和信息娱乐领域的系统。开环测试系统为测试对象生成测试触发并观察其输出（见图 4-4）。例如倒车灯的功能，应仅在挂入倒挡时才亮起。因此，测试人员会通过不同的挡位变化来测试倒车灯的功能。

图 4-4　开环测试系统

闭环测试系统通过环境模型构建测试对象的输出与其输入之间的闭合反馈回路（见图 4-5）。这对于具有调节变量的系统尤其必要，例如，用于巡航系统。巡航系统的输出（如加速度请求）会导致要调节的变量（速度）发生变化。要调节变量的新值会被反馈到调节过程中。对于尽可能真实的测试，测试环境必须构建闭合反馈回路，即调节器的控制回路。为此，使用测试框架中的环境模型来模拟调节对象（受控体）。与开环测试系统相比，测试触发不再直接进入测试对象，而是进入环境模型。然而，也存在允许测试触发直接连接到测试对象的闭环测试框架。

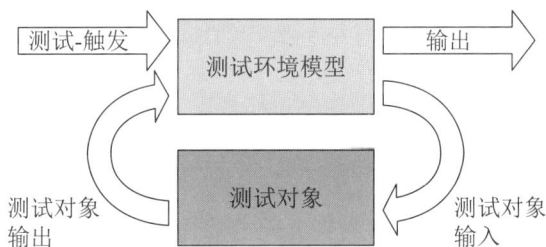

图 4-5　闭环测试系统

实际调节对象通常由以下三部分组成。

（1）受调节器影响的执行器，其作用于车辆或其环境。

（2）车辆及其环境。

（3）传感器，为调节器感知车辆及其环境。

环境模型必须适当地模拟这三部分。该模拟越接近真实，其测试结果也越可靠。因此，在测试人员将环境模型集成到测试框架之前，对其性能进行确认是很重要的。

根据测试对象和测试级别的不同，有不同类型的测试环境。通常情况下，测试环境的名称包含测试对象的名称。表 4-1 概述了其中常见的测试环境，这里是闭环测试系统（Closed Loop Test System）的在环（in the Loop）环境。[①]

---

① 在实践中，称为"在环"的测试环境仍然可以是开环系统，因为开环测试系统没有通用的名称。

表 4-1　车辆开发中的测试环境类型

名　　称	测 试 对 象	解　　释
模型在环（MiL）	可执行的开发模型，如 MATLAB/ Simulink 模型	测试对象在开发用计算机上运行，测试检查模型的功能，不具有实时性
软件在环（SiL）	软件作为开发用计算机的机器代码	测试对象在开发用计算机上运行，测试检查软件的功能，不具有实时性
处理器在环（PiL）	软件作为目标处理器的机器代码	测试对象在带有目标处理器的开发板卡上运行，测试检查软件的功能和效率，实时能力有限
硬件在环（HiL）	单个 ECU、ECU 组或整个 E/E 系统	测试检查测试对象的功能、效率和可靠性，具有实时性
汽车在环（ViL）	车辆的 E/E 系统	在测试台上测试车辆中 E/E 系统的功能、效率和可靠性，具有实时性
现实世界（道路）	机动车辆	在真实环境中测试车辆的功能、效率、可靠性和易用性，具有实时性

在表 4-1 中，现实世界是唯一没有模拟仿真测试对象环境的测试环境。所有其他测试环境都是虚拟测试环境。在实践中，常用的三种虚拟测试环境类型是模型在环（MiL）、软件在环（SiL）和硬件在环（HiL）。以下章节将详细介绍这三种测试环境。

4.2.1　模型在环测试环境

模型在环（MiL）测试环境通常用于基于模型的软件开发（Mode Based Software Development，MBSD）。测试对象是一个可执行的模型，可在相应的模型开发环境[①]中执行模型。

题外话：基于模型的软件开发

基于模型的软件开发的主要动机是节省成本。由于模型比代码具有更高的抽象程度，因此模型通常对所有项目参与者而言更容易理解。这种较高的可理解性减少了出错的概率，从而降低了因错误而引起的后续成本。由于这个原因，例如，功能安全标准也建议使用基于模型的方法。通常，如果可以直接从模型中生成代码，MBSD 只需更少的软件开发人员，这也节省了人力成本。

一方面，MBSD 创建模型以更好地理解所需的功能，例如，调节器在正常和特殊情况下的适当行为。在这方面，模型充当了阐明需求的探索性原型。另一方面，模型是生成代码的基础。用于生成代码的模型也称为实现模型。在后续的开发过程中，从模型生成的代码将成为整个 ECU 软件的一部分。

从模型生成的代码一方面应该尽可能正确地再现模型行为；另一方面代码应在嵌入式平台的目标硬件上高效运行，以满足实时性要求并节省存储空间。由于这些目标是相互矛

---

① 汽车行业中特别常见的模型开发环境是 MATLAB/Simulink（带状态流）和 ASCET。

盾的，在代码生成时需要进行协调权衡。例如，代码生成器将浮点表示的信号替换为整数表示的信号（所谓的缩放），因为处理器可以更快地使用整数类型进行计算，并且用整数表达时需要的内存空间更少。

缩放可能会导致生成代码的行为与模型的行为不同，因为缩放通常会降低值的值域和精度。此外，生成器可能在生成代码时出错，或者编译器可能在将代码编译成机器语言时出错。因此，测试人员不仅要测试模型，还要测试生成和编译的代码。如果测试人员使用该模型作为测试结果参照物，这被称为背靠背测试（见 5.3.4 节）。

1. 构造

MiL 测试框架（见图 4-6）通常与开发用的计算机上的模型开发环境中的模型一起运行。模型测试工具通过分析模型的输入和输出量值及内部量值，自动从模型生成与测试对象的接口。在测试执行过程中，测试人员可以根据内部量值观察和记录模型的内部行为。如果需要，也可以进行故障注入（见 5.3.4 节）。测试人员可以在测试执行过程中随时暂停模拟，以执行对模型状态的详细分析。

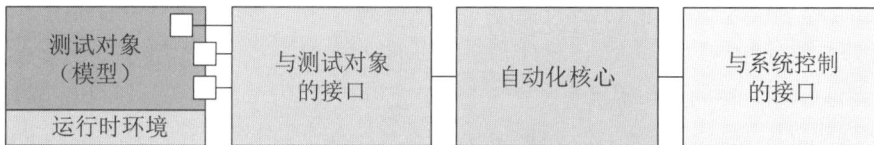

图 4-6　MiL 测试框架

为了运行测试对象，MiL 需要一个为模型提供必要上下文的运行时环境。该运行时环境（RTE）执行模型，并模拟与模型交互的其他系统构件。环境模型，例如，调节器模型的调节对象，是自动化核心的一部分（见 4.1.2 节）。环境模拟越要求准确，环境模型的开发工作量就越大。因此，MiL 通常专注于测试模型的基本功能，会使用简化的环境模型，并将更深入的方面留给后续的测试级别。

2. 应用

模型通常描述系统功能，例如车辆外部灯光的开关（控制），或巡航系统的速度调节（调节）。MiL 可以在硬件和软件实现之前，通过运行模型来进行 E/E 系统功能方面的测试。一些特定的 MiL 测试用例通常可以在其他测试环境中复用，例如，在 SiL 和 HiL 中。MiL 适用于单个模型的组件测试和多个模型的集成测试。

MiL 的目标不是实时执行模型。该测试甚至可能在模拟时间内比实时运行得更快，这将减少实际的测试时间。MiL 主要检查模型的行为，即功能。性能效率这一质量特性不能用 MiL 来验证。同样，可靠性和稳健性只能在有限的范围内进行测试，尤其是在环境模型不完整或不准确的情况下。

许多模型测试工具支持基于结构的测试覆盖的测量，类似于程序代码的结构覆盖（例如，语句覆盖或判定覆盖，见 5.3.3 节）。通过这些测试覆盖，测试人员可以测量其测试套件的模型覆盖率，并识别遗漏的测试。

示例　巡航系统

发动机控制单元（ECU）的一些软件组件（SW-Cs）在该项目中采用基于模型开发的方式。巡航系统调节器作为一个模型存在于 MATLAB/Simulink 中。开发人员诶利卡希望对巡航系统的调节器 SW-C 进行模型测试，重点关注模型功能的正确性。对于测试，诶利卡需要一个合适的模型测试环境。由于测试对象是一个调节器，为了进行可靠的测试，建议使用带有环境模型的 MiL 测试环境。诶利卡要求测试人员提姆为她搭建一个这样的 MiL 测试平台。

提姆使用模型测试工具（MTW），该工具基于对模型接口的静态分析，自动生成测试对象的输入和输出量的适配器。这些适配器构成了测试框架与测试对象的接口。适配器也作为 Simulink 子模型存在，并与测试对象的相应接口连接。

提姆将准备好的调节器环境模型集成到这个生成的测试框架中。环境模型基于调节器所请求的目标扭矩来模拟车辆的速度变化。环境模型返回车辆新的实际速度作为输出，该输出又是调节器的输入。就这样，围绕测试对象的调节回路形成了闭合。

环境模型考虑了一些驾驶条件，例如，弯道或坡度等。这里有意排除了其他各种情况，如顺风、逆风或侧风等。由于环境模型仅部分反映了现实情况，MiL 的测试结果可能与后面在车辆测试中观察到的行为有所不同。

现在诶利卡可以在模型测试工具（MTW）中实现她的测试用例。MTW 在 MATLAB/Simulink 的测试框架中自动执行测试用例（以模拟时间）。因此，MATLAB/Simulink 充当了运行时环境，而 MTW 则作为系统控制。诶利卡可以在 MTW 中自动或手动评估测试结果。基于评估信息，可以在 MTW 中生成测试报告（见图 4-7）。

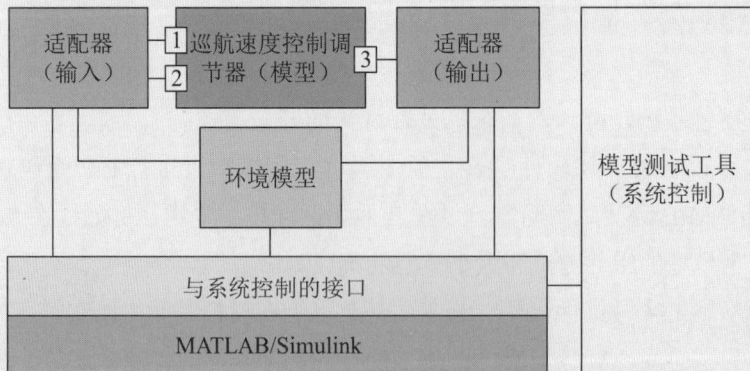

图 4-7　巡航系统的 MiL 测试环境的结构

图 4-7 详细描述了 MiL 测试环境。测试对象位于模型的输入量适配器和输出量适配器之间。输入量为实际速度（1）和目标速度（2）。输出量是目标扭矩（3）。目标扭矩是环境模型的输入，环境模型又将新的实际速度传递给输入侧的适配器。

系统控制的接口可以观察和影响输入侧、输出侧和环境模型中的过程。例如，作为测试用例的一部分，系统控制利用输入侧的适配器来改变目标速度。通过输出侧的适配器，系统控制可以观察和记录模型的输出。最后，系统控制可以读取环境模型中的当前实际速度和其他变量，也可以改变环境模型中的内部变量，例如道路的坡度。

系统控制由 MTW 接管。MTW 负责启动 MATLAB/Simulink 运行时环境，并与适配器和环境模型交换数据。它会发送测试用例所需的测试触发到测试框架，并在测试协议中为测试框架中每个规定的模拟步骤记录所有可用量。记录的数据作为测试评估（测试用例是否通过）的基础，同时也是记录的量与时间关系可视化基础。

4.2.2　软件在环测试环境

1. 构造

SiL 测试环境中的测试对象是由人工编写或模型生成的代码，编译器会将这些代码翻译成测试硬件的机器语言。与 MiL 相反，SiL 无法直接访问测试对象的输入和输出，而是通过包装器（Wrapper）允许测试框架访问软件的输入和输出（见图 4-8）。如果软件是从模型生成的，那么包装器也可以从模型生成。使用 SiL 更难访问测试对象的内部，但使用调试器（Debugger）或通过测试对象的测试接口（如借助 XCP）仍然可以访问。与 MiL 一样，运行时环境通过提供必要的上下文使测试对象可执行。

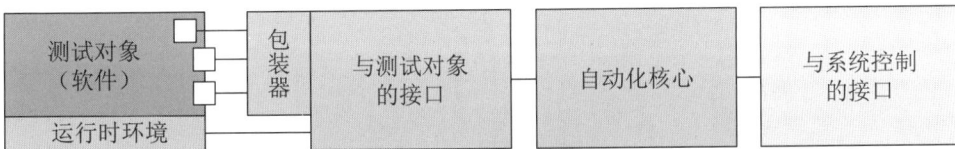

图 4-8　软件在环测试环境

SiL 测试环境运行在开发用的计算机上，因此测试对象存在于该计算机的机器代码中，而不是目标硬件 [①] 的机器代码形式。SiL 需要一个环境模型。如果已经有 MiL 的环境模型，那么可以比较容易地进行调整以适应 SiL 的运行。此外，测试对象需要一个运行时环境，用它来模拟其运行环境，如操作系统和其他软件组件。SiL 测试的运行方式与 MiL 测试类似，都是在模拟时间内运行。测试人员可以随时暂停测试运行，以便更准确地分析测试对象的状态和行为。

---

① 在实践中，读者还会发现软件在目标硬件上运行的测试环境，但这些环境仍被称为 SiL，因为测试的重点是软件的质量特性。事实上，这些是 HiL 测试环境。

2. 应用

SiL 能够测试机器代码中的功能。这使得模型中尚未出现的问题，例如，数值范围溢出，也能够识别出来。SiL 还允许给出有关性能效率的评估信息，特别是关于内存需求方面，从而可以发现内存溢出的问题。此外，SiL 在有限范围内也可以评估处理器负载情况。然而，在开发用的计算机上进行负载和压力测试的意义不大，这些测试更适合在目标硬件上运行（即在 HiL 测试中）。SiL 的首选测试级别是组件测试和在软件层面的集成测试（包括接口测试）。

示例　巡航系统

以下三个不同集成级别的示例说明了 SiL 测试环境在示例项目中的应用。

软件组件测试

在 4.2.1 节的 MiL 示例中，测试人员提姆受开发人员诶利卡委托为巡航系统调节器 SW-C 的功能模型创建了一个模型测试环境。现在诶利卡想测试从模型生成的代码，为此她需要一个 SiL 测试环境，所以她又委托提姆完成此任务。此处的测试对象是被编译成开发用计算机的机器语言代码。

软件测试工具（STW）允许轻松地应用 MiL 测试环境的设置，以生成合适的 SiL 测试环境。STW 根据 AUTOSAR ARXML 文件生成所需的包装器作为测试对象的接口。提姆使用包装器（Wrapper）将测试对象连接到可用的环境模型。环境模型继续由 MATLAB/Simulink 执行，也就是说，不需要将环境模型转换为机器代码。现在诶利卡有了一个完整的 SiL 测试环境。她可以部分复用模型测试中的测试用例。

该 SiL 测试环境的结构（见图 4-9）与图 4-7 中的 MiL 测试环境非常相似。包装器在这里接管适配器的任务。测试对象以已编译的程序代码形式存在，由于测试对象可以作为 S 函数集成到 MATLAB/Simulink，因此，MATLAB/Smulink 仍然可以继续作为运行时环境。

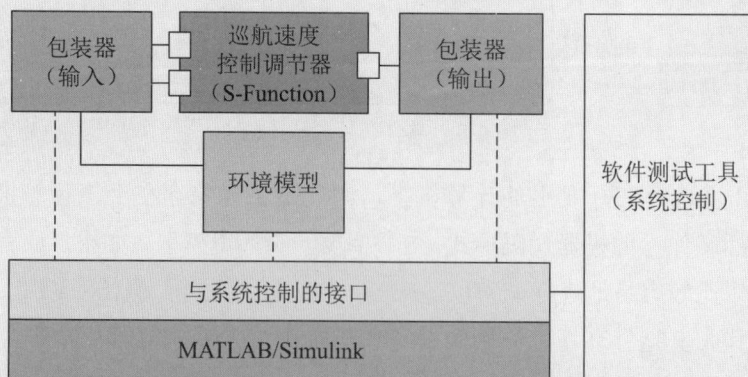

图 4-9　巡航系统 SiL 测试环境的结构

集成测试 - 应用软件

诶利卡在软件组件测试中测试了发动机 ECU 的所有 SW-Cs 后，提姆现在想将所有

SW-Cs 集成到 AUTOSAR 应用软件中并对其进行测试。为此，他需要另一种不同于 SiL 的测试环境，因为作为测试对象的应用软件是由多个 SW-Cs 实现组成，而并不是所有 SW-Cs 都是基于模型开发的。测试对象的运行时环境也有所不同：它现在由一个生成的运行时环境（RTE）组成，生成的运行时环境用于实现 SW-Cs 之间的通信。提姆需要调整来自 SiL 并用于巡航系统 SW-C 的环境模型，但可以复用其中的重要部分并将其连接到运行时环境。

　　图 4-10 显示了应用软件的 SiL 测试环境的构造。各个 SW-Cs 的软件连接到生成的 RTE，该 RTE 实现各 SW-Cs 之间的通信。软件测试工具可以通过与系统控制的接口触发和观察 RTE 和环境模型。调整后的环境模型继续在 MATLAB/Simulink 中运行。

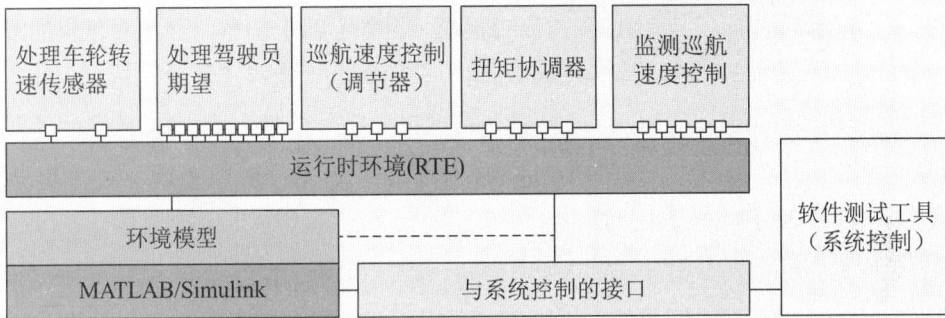

图 4-10　SiL 测试环境 - 应用软件

集成测试 - ECU 软件

　　在应用软件集成后，接下来是对完成集成的发动机控制单元的 AUTOSAR 软件进行集成测试。提姆现在需要一个虚拟控制单元（V-ECU）作为运行时环境来模拟 ECU 的硬件。他使用了一个工具从 AUTOSAR ARXML 文件生成发动机控制单元的 V-ECU。下一步，提姆使用合适的模拟环境在 PC 上模拟 V-ECU，从而使测试对象可以运行。

　　图 4-11 显示了该 SiL 测试环境的构造示意图。测试对象是完全集成的 ECU 软件，包括各 SW-Cs、RTE 和基础软件（BSW）。与测试对象的接口是模拟的 ECU 硬件。这样适用于从外部触发进行测试，尤其是通过 CAN 总线接口。因此，提姆使用一种用于剩余总线模拟仿真的工具来模拟剩余的总线参与方。相应地，提姆必须将现有的环境模型集成到剩余总线模拟仿真中，以便再次正确地闭合调节回路。测试工具负责执行系统控制的任务，其执行测试用例并在此过程中影响环境模型和剩余总线模拟仿真。

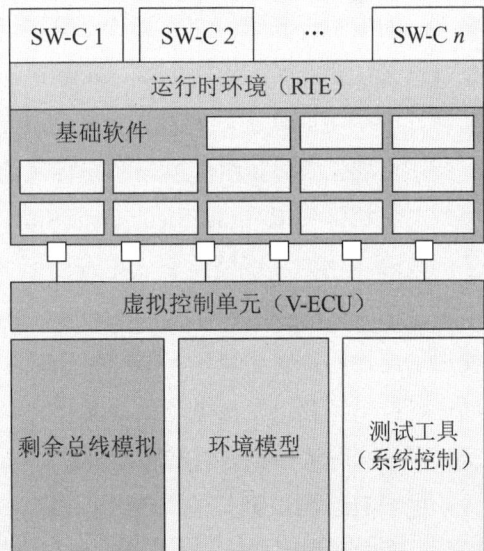

图 4-11　ECU 软件 SiL 测试环境

4.2.3 硬件在环测试环境

1. 构造

在 HiL 测试环境中，测试对象是目标硬件及其上基于目标硬件机器语言的软件。测试是在真实时间下运行的，因此尤其需要（连接）一个支持实时运算功能的模拟（仿真）计算机（系统），特别用于环境的模拟（例如剩余总线模拟仿真和环境模型）。此外，测试环境的组件也需要具备一定的实时性能来执行测试和记录测试结果。

与 MiL 和 SiL 相比，HiL 测试框架（见图 4-12）在操控测试对象的接入点方面要复杂得多。测试框架必须接触目标硬件的电气接口（引脚）。为此，应使用尽可能真实的电缆束，例如，具有实际插头、导线长度和导线直径（粗细）的电缆束。测试对象也通过该电缆束供电，通常可以由一个通过测试框架控制的电源供电。集成在靠近测试对象的电缆束中的接线盒（Breakout Box，BOB），可以为测试提供额外的接入点。BOB 简化了对测试对象的单个或所有电气接触点的访问，因此在实践中很常见。在图 4-12 中，BOB 被放置于测试对象的接入点和电缆束之间。

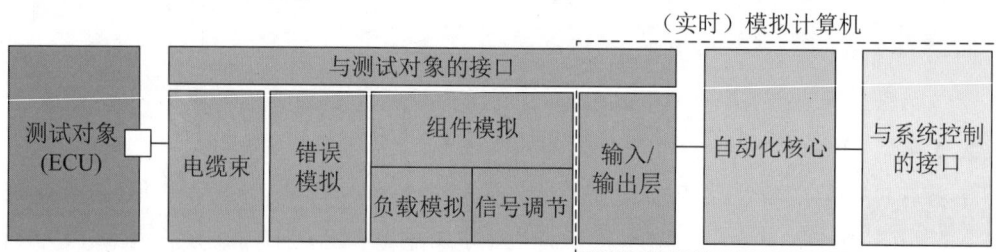

图 4-12　HiL 测试框架

组件模拟负责连接到 ECU 的传感器和执行器。测试框架通过生成等效的电信号模拟输入，如虚拟传感器。如果测试对象通过向执行器（如电机）供电来驱动执行器，则虚拟执行器必须要能实际消耗电能。负载模拟使用如可调电阻器来模拟测试对象，让观察到的功耗行为尽可能真实。信号调节在组件模拟和输入 / 输出层之间转换电信号，而输入 / 输出层在自动化核心和组件模拟之间转换信号，例如，通过模拟数字转换器。

电气故障模拟（Electrical Error Simulation，EES）模拟输入和输出引脚处各种电气现象的故障，例如，线路断裂（电缆断裂）或接地短路、电源短路或单个引脚之间的短路。通常会使用故障注入单元（Fault Injection Unit）来实现这些模拟。此外，电气故障模拟还模拟了连接的传感器或执行器的特殊故障场景，如传感器漂移或电机卡顿。其甚至还可以通过可控电源模拟电源电压的波动和尖峰。因此，电气故障模拟支持检查测试对象面对单个或多个同时发生错误时的稳健性。

由于 HiL 测试框架的高度复杂性，其设计、构造和调试成本高昂、耗时且容易出错，因此，通常需要专门从事 HiL 测试系统的服务供应商提供支持。在启动阶段，测试人员必须测试测试框架，以确保其正确运行。即使在开始测试执行之前，对测试框架进行自测试（自检）也是有意义的，这样测试框架中的错误就不会导致无效的测试结果。

2. 应用

通常，HiL 测试环境用于三个不同级别的 E/E 集成。集成级别决定了 HiL 的名称和其应用的可能性。这三个不同的级别为组件 HiL、系统 HiL 和整车 HiL。

组件 HiL（K-HiL），将单个 ECU 作为测试对象。因此，测试的重点是硬件/软件集成、接口测试和 ECU 的功能。剩余总线模拟仿真是用于模拟连接到与测试对象相同总线系统的其他 ECU。

系统 HiL（S-HiL，也称为复合 HiL），专注于控制单元的组合，该组合负责车辆的特定功能，例如，驱动系统或车外灯光。测试的重点是分布在系统中各 ECUs 在总线系统层面的接口，以及共同实现的系统功能。其他不属于该组合但也连接到共同总线系统的 ECUs，将仍然由剩余总线模拟进行仿真。

整车 HiL（V-HiL，也称为实验车辆），尽可能使用真实的传感器和执行器测试车辆的整个 E/E 系统。这使测试人员能够检查系统和车辆功能之间的接口，但不需要机械装置。根据所使用的测试技术，可以将系统 HiL 连接到整车级别的完整 HiL。这样可以减少要建立的 HiL 的数量，从而显著节省成本。

由于 HiL 的测试环境接近测试对象后期投入使用的环境，测试人员可以通过 HiL 发现单个 ECU 的软件和硬件中功能性和非功能性错误。此外，测试人员还能够发现系统设计中的错误，这些错误会阻碍集成子系统之间的正确协同工作。

> **示例　巡航系统**
>
> 测试人员提姆要为发动机 ECU 构建一个组件 HiL（K-HiL）。他在测试计划中找出对于测试环境的初步需求。主要的测试目的是验证目标硬件上应用软件的正确性、实时性、可靠性、稳健性和性能效率。此外，K-HiL 还需要支持进行故障注入测试（见 5.3.4 节）。制造商 BEC 要求对 ECU 进行 CAN 网络测试，并为此提供完整的 CAN 网络测试套件。K-HiL 测试环境也应能实现上述要求。
>
> 在下一步中，提姆收集了有关控制单元（ECU）外部接口和协议的可用信息。控制单元有一个带 4 个引脚的插头，其中两个用于电源（Ubat，接地），另外两个用于 1Mb/s 的高速 CAN 总线（CANhigh，CANlow）。由于传感器和执行器都没有直接连接到控制单元，因此输入/输出仅限于上述 4 个引脚。测试的主要接口是 CAN 总线。
>
> 对于 CAN 总线，提姆使用了 CAN 通信矩阵，该矩阵描述了在 CAN 总线上发送的所有消息及其信号。提姆还分析了包含 ECU 处理的所有诊断消息的诊断数据库。此外，他还查阅了规格说明以了解 ECU 的配置参数。在规格说明中，他发现 ECU 支持 XCP（通过 CAN）进行测试的信息，以读取和更改软件中的特定参数。他还从 AUTOSAR 规格说

明中提取了有关 CAN 网络管理配置的重要信息。基于这些信息来源，提姆可以构思设计 K-HiL 测试环境。

图 4-13 显示了 K-HiL 测试环境的构造。对于 ECU 的电气接口，提姆首先需要一个与 ECU 匹配的带插头的线束。一个用于模拟引脚之间的断路和短路的故障注入单元会被连接到线束上。ECU 的供电将由一个可控电源提供，以便测试框架也能模拟过电压 / 欠电压或电压波动。

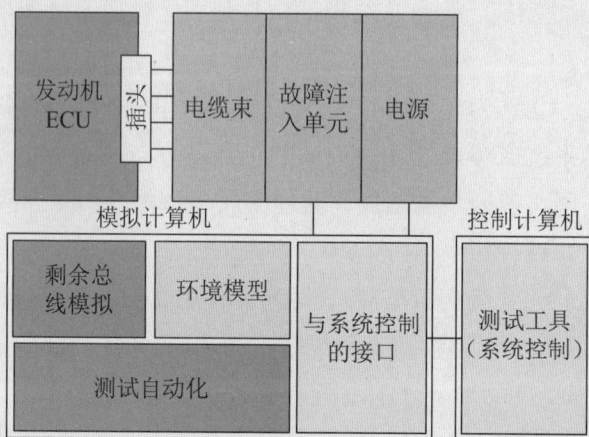

图 4-13　发动机 ECU HiL 测试环境（K-HiL）

提姆通过一个 CAN 单元将（实物的电气）CAN 总线连接到具有实时功能的模拟计算机上，以便它可以发送和接收 CAN 消息。在模拟计算机上运行着环境模型和剩余总线模拟仿真。此外，模拟计算机控制电源和故障注入单元，并且模拟计算机连接到控制计算机（通常是 PC），在控制计算机上运行测试工具。测试工具负责在（自动）测试执行过程中进行系统控制，并为自动化测试提供测试评估。

除了组件 HiL（K-HiL），爱迪森电子公司正在计划一个系统 HiL（S-HiL），该系统 HiL 涵盖交付范围内所有 ECU 的集成。制造商 BEC 目前正在建立一个整车 HiL（V-HiL），检查在其涵盖组合中所有 ULV 的 ECUs。这个整车 HiL 还涵盖了不由爱迪森电子公司提供的车辆 E/E 系统的部分，因为这还涉及其他 ECUs 和总线系统。

4.3　测试环境的选择和使用

测试策略定义了测试人员应该在哪些测试环境中运行哪些测试范围。主要目的有以下三个。

（1）最大限度地降低产品风险。

（2）最大限度地降低测试成本。

（3）确保符合标准和规范。

这三个目的通常相互冲突，因此并非所有目的都能同时以最佳方式实现。例如，整车中的测试结果是最有说服力的，即在整车测试中，假阳性（误报）结果的风险最低。然而，在开发新车时，在项目开始时通常还没有可用的测试车辆。此外，车辆作为测试环境也非常昂贵，因此很少有足够数量的可用车辆。而且，车辆内部的故障通常很难从外部引发。最后，在有疑问的情况下，对于某些测试目的或测试级别，使用某些测试环境的规范性要求必须比其他目标更优先考虑。例如，ISO 26262-6[ISO 26262:2018，卷 6] 强烈推荐使用 HiL 测试环境进行软件测试。

为了最大限度地降低产品风险，根据错误风险考虑测试强度、避免遗漏测试（测试盲点）、为每个测试用例优化和选择测试级别及适当的测试环境。通过将测试移到更早、更具成本效益的测试级别，为每个测试目的选择最佳测试级别，以及进行贯穿始终、协调一致的测试，可以降低测试成本。

虚拟测试环境在测试策略中发挥着重要作用，因为它有助于在最小化产品风险和最小化测试成本方面实现更好的权衡。在选择最佳测试环境时，必须考虑各方面。这里包括测试环境对某些测试目的和测试级别的适用性，也包括调试和测试执行的时间和成本。以下各章节将更详细地讨论这些方面。

1. 优势和劣势

如果根据不同的标准评估 MiL、SiL 和 HiL 测试环境，则会发现它们在交叉比较中具有不同的优势和劣势（见表 4-2）。这些标准有助于测试人员根据自己的需要选择合适的测试环境。事实证明，通过更接近实际的 HiL 能获得更有说服力的测试结果，但也有其代价：对测试依据和测试对象的要求更高，接入点更少，而且调试、测试准备和测试评估的成本也更高。

表 4-2　XiL 测试环境的评估

标　　准	MiL	SiL	HiL
接近现实	低	低到中	高
排除错误和故障的时间 / 开销	低	中	高
调试和维护的工作量	低到中	中	高
测试准备的工作量	低	低	高
要求测试对象的成熟度	低	中	高
要求测试对象的详细度	中	中到高	高
测试对象的访问	高	中	低

HiL 的最大优势在于它接近真实环境，因此与 SiL 相比，测试结果可以更真实地反映车辆的实际行为，而 SiL 测试的是实际可运行的软件。MiL 由于用于模型测试，更依赖于模型测试环境的抽象和模拟，与车辆中的实际行为相距甚远，但非常适合对状态机和决策表等逻辑结构进行早期测试。

测试对象越简单，就越容易在测试过程中观察到的失效背后的缺陷。因此，在模型

（MiL）中进行故障排除比在机器代码中的软件（SiL）、ECU 或 E/E 系统（HiL）中更容易。这同样适用于测试环境本身的错误：MiL 测试环境中的错误通常比在 SiL 中甚至在 HiL 测试环境中更容易发现。

为了能运行测试的模型，MiL 需要一个运行时环境，以及一个环境模型（如有需要）。在 SiL 中，还需要添加必要的包装器来访问软件的接口。在 HiL 中，硬件通过电缆束与测试环境通过电气接口连接。电缆束上可能还连接有测试对象环境的真实部分，如传感器或执行器。因此，在测试环境可以开始投入运行之前，建立 HiL 的工作量是最高的。此外，与 SiL 或 MiL 相比，在更改测试对象的外部接口时，HiL 中调整测试环境的工作量也更大。

此外，对于 HiL，由于涉及更多的硬件部分，因此更容易出现随机硬件故障，例如，部件故障或插头连接的间歇性接触松动。MiL 和 SiL 专注于测试框架软件中的系统性错误，这也是为什么测试人员必须在第一次测试运行之前检查测试框架，而不是在每次测试运行之前。另外，对于 HiL，测试人员应该在每次测试运行前检查测试框架，并定期进行维护。

一旦测试环境可以投入使用，测试人员就可以根据测试规格说明为测试环境准备测试用例，例如，创建测试脚本。对于这一点，使用 MiL 和 SiL 时相比 HiL 更容易做到，因为测试人员在测试实施过程中可能会犯的错误更少。因此，HiL 直到能运行单个测试用例通常需要更长的时间。在出现异常情况时，测试环境中的故障排除也更为复杂和耗费精力。

开发的进度决定了测试对象何时可以进行测试。模型在开发早期就已生成，通常只涵盖系统功能的一部分，因此可用于 MiL 测试的模型比用于 SiL 测试的可执行软件就位得更早。而用于 HiL 测试的可测试硬件则需要更长的时间才能投入使用。此外，软件必须在硬件上可实际运行，这就需要硬件 / 软件的成功集成。

另一方面是对测试结果的要求：虽然 MiL 测试主要评价功能本身，但 SiL 测试，尤其是 HiL 测试也在时间行为、内存需求和可靠性方面发挥作用。为了让测试人员能够准确评价这些特性，这就需要相应成熟的测试对象。

由于模型只实现系统的一部分，测试依据、模型规格说明的规模和范围相应更小。此外，在开发过程中经常使用模型来澄清需求。因此，开发人员会随着模型的演进对规格说明进行修订和详细说明。另外，对于 SiL 需要详细的软件规格说明，对于 HiL 则需要完整的系统规格说明。

对测试对象的访问取决于可用访问点的数量。MiL 可以方便地观察和控制模型中的所有信号，包括外部信号和内部信号。使用 SiL 时，用于测试软件的信号已经被限制为包装器中可用的信号。最后，使用 HiL 时，测试人员则只能观察和控制 ECU 硬件或通信协议中的可用信号。因此，从 MiL 到 SiL 再到 HiL，随着可以观察到测试对象的可用访问点的减少，也使测试和随后的调试变得更加困难。

2. 测试目的

根据测试活动要实现的测试目的，某些测试环境更适合特定的测试活动，表 4-3 显示了一些典型的测试目的，以及 MiL、SiL 和 HiL 各自实现这些测试目的的适用性。可以看出，HiL 提供了最多的应用可能性，而 MiL 则最少。这里"推荐"的意思表示测试环境非常适合实现该测试目的。"可能"意味着测试环境原则上支持测试目的，但在某些情况下，测试结果的有效性可能会受到限制。因此，将测试环境主要用于"推荐"的测试目的是有意义的。

表 4-3　XiL 测试环境对测试目的的适用性

测 试 目 的	MiL	SiL	HiL
测试主要功能	○	○	●
测试故障检测 / 处理	—	●	●
测试对配置数据的响应	○	●	●
测试诊断功能	—	●	●
测试接口的交互	○	●	●
测试易用性	—	○	●
●推荐	○ 可能	—没有意义	

主要功能表示那些实现测试对象实际任务的功能，例如，巡航系统中的速度调节。详细的测试目的包括检查输入端的输入处理是否正确、对输入的响应是否正确，以及测试对象输出端的输出是否正确。如果一个模型或软件完整实现了一个主要功能，那么该功能就已经可以在 MiL 或 SiL 上进行测试了。但是，如果主要功能需要硬件，则只能在 HiL 环境中进行测试。在三种测试环境中，只有 HiL 能够满足实时性需求。

故障检测和处理，是对主要功能的补充，涉及错误发生时的行为，这里包括各种硬件错误和软件错误。安全机制通过启用错误处理来响应这些错误。例如，通过关闭受影响的功能或切换到其他替代功能，使得测试对象可以转移到安全状态。由于故障检测和处理很少在模型级别完全实现，因此 MiL 在这里不适用 [①]。SiL 可用于测试软件错误处理的机制，而 HiL 则可用于测试硬件和软件错误处理的机制。

配置数据，它一方面包括参数集，例如，发动机 ECU 的特性图或电动座椅调节的活动范围（位置）；另一方面允许变体编码，以便测试对象在不同的环境中表现出相应的适当行为，例如，针对不同的硬件或车辆变体。这两种情况下的测试目的都是验证配置数据对测试对象行为的正确影响。例如，一个功能在某个变体中可能不可用，或者在不同变体中可能表现不同。对测试对象的配置空间同时进行有效且高效的覆盖，这对测试来说是一个重大挑战。根据能可靠地观察到配置数据影响的层面不同，MiL、SiL 或 HiL 可以成为合适的测试环境。

诊断功能，是在 ECU 正常工作期间检测错误并将适当的故障诊断码（Diagnostic

---

① 异常是模型中完全实现的错误检测和处理机制，例如，输入变量值的合理性以及在输入值无效的情况下选择替代值。

Trouble Code，DTC）存储在 ECU 模块的错误存储器中的功能。例如，在车间中可读取故障诊断码，以确定车辆不正确行为的原因。对于 DTCs 的设置和自动删除，通常存在复杂的错误设置条件和错误恢复条件，这些条件的正确实施必须进行验证。

诊断功能还包括仅在诊断模式下可用的功能，如读取软件版本、更改配置数据或安装软件更新。由于诊断功能通常是为整体 ECU 定义的，因此 SiL 和 HiL 适用于此目的，MiL 通常不适用。

集成测试检查测试对象的内部和外部接口。内部接口包括，如 ECU 中的硬件 / 软件接口或 ECU 网络中的总线系统。对于这些测试，测试人员经常使用测试对象的外部接口进行触发或使用特殊的测试接口。外部接口包括，如用于控制电机的 ECU 的电气接口。不管对内部还是外部接口，都必须检查交换的信号和时间行为。根据测试对象的类型和待检查的接口，必须选择适当的测试环境。MiL 仅适用于模型接口，而 SiL 和 HiL 更为通用。对于电气接口，HiL 是唯一的选择。

功能性是迄今为止考虑的测试目的的重点。测试对象的非功能特性也必须通过测试进行检查。其中包括易用性，即从用户的角度来看系统的适应性。易用性包含两方面：根据用户需求的易用性，在系统测试期间进行检查，以及根据用户期望的易用性，在验收测试期间检查（如通过面向客户的驾驶测试）。为了测试易用性，通常需要一个具有实时功能的测试环境（即 HiL），因为只有在具有实时功能的测试环境才能有真实的功能体验。然而，根据功能的不同，HiL 也可能不适用，例如，汽车悬挂系统的测试，因为其行为只能在实际车辆中才能有效体验。对于信息娱乐系统，使用"座椅舱"再配备 SiL 或 HiL 就可以进行初步的易用性测试。然而，类似于在阳光下穿过林荫道时，快速变化的光线条件下显示器是否还能保持良好可读性等方面的体验，通过座椅舱测试需要付出较大的工作量。

3. 测试级别

早期测试原则（见 2.1 节）旨在通过在开发的早期阶段更加关注质量保证来降低产品开发的总体成本。这样是为了防止代价高昂的后续错误（错误扩散），并且避免了错误排除的高成本。因此，这意味着在开发过程中应该尽早发现需求、设计和实现中的错误。

MiL 可以检测出模型中的需求和设计错误，SiL 则更适合于发现软件设计和实现的错误，而通过 HiL 能在系统背景中发现硬件、软件及其交互中的设计和实现的错误。因此，可以在不同测试级别中优先选择不同的 MiL、SiL 或 HiL 加以使用。图 4-14 在通用 V 形模型中对这些测试环境进行了定位。图 4-14 中较暗区域仅可用于基于模型的系统或软件开发。

MiL 支持模型测试，而 SiL 适用于从软件组件测试直到软件测试的测试级别，HiL 则适用于软件测试之上的测试级别，其软件在目标硬件上运行，直到整车集成测试。在整车测试中，如果不能在现实世界中进行车辆测试，则应使用车辆在环测试环境（ViL）中进行整车测试。

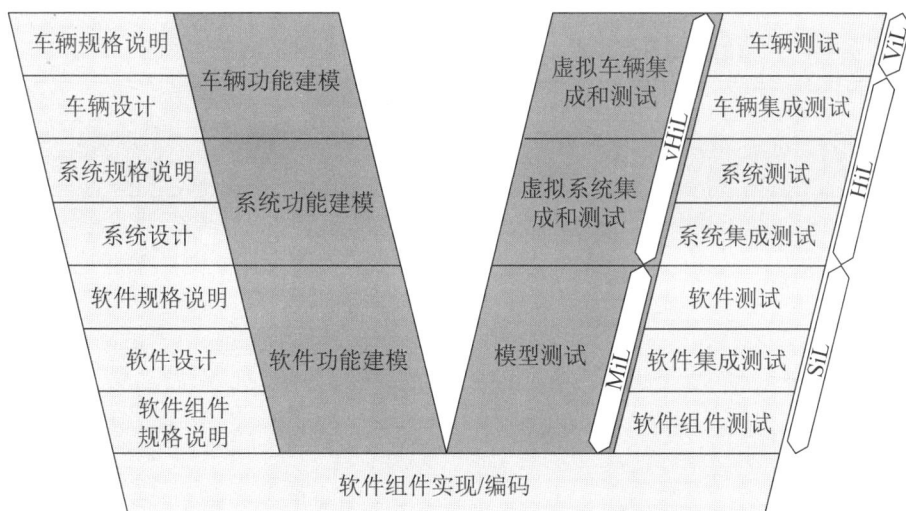

图 4-14 V 形模型中的虚拟测试环境

在基于模型的系统开发中，一个特殊的特点在于虚拟集成级别，在此级别中可以将软件功能集成直至整车级别。这在 AUTOSAR 项目中是可能的，因为虚拟功能总线的概念方案支持这种独立于所使用的硬件和 ECU 分布的集成。相应的测试环境称为虚拟 HiL（vHiL，不要与车辆 HiL、V-HiL 混淆）。

示例 巡航系统

在项目开始时，测试经理托马斯和测试人员提姆进行了讨论，为项目和各个测试级别定义测试策略。这其中包括确定需要哪些（以及多少）测试环境，在什么测试级别，以及有哪些测试目标等。由于该项目具有 ASIL 级别分级的安全目标，因此必须满足 ISO 26262 的适用要求。这也是他们让安全经理斯蒂芬参与讨论的原因。他们与斯蒂芬讨论了对测试策略的想法，并考虑了斯蒂芬的改进建议。最后，托马斯与项目经理佩特拉协调测试策略，以便将计划的测试活动纳入整个项目计划，并确保计划的测试环境的资金，包括人员成本的到位。最终得出，软件测试最多需要两名测试人员，系统测试最多需要三名测试人员。

测试策略的指导原则是尽早测试功能性或可靠性等质量特性。然而，出于成本原因，不同测试环境的数量应该是有限的，因此需要进行权衡。此外，应尽可能多地复用现有的测试环境和测试工具。由于制造商 BEC 偶尔会向供应商爱迪森电子公司提供测试车辆，因此项目也可以在车辆中进行系统测试。

爱迪森电子的总体测试手册建议按如表 4-4 所示对测试目的和测试级别进行分配。软件集成测试在测试手册中是软件测试的一部分，因此表中未单独列出；同样在系统层的集成测试也未单独列出。系统集成分为三个级别：单个 ECU 的硬件 / 软件集成、整体 E/E 系统的集成，以及整体系统（包括机械部件）集成到车辆中——每个级别都有集成测试和集成系统的测试。

表 4-4　建议的测试目的和测试级别分配表（根据 [Mikhailidis 2012]，第 49 页）

测 试 目 的	测 试 级 别					
	模型测试	软件组件测试	软件测试	系统测试（ECU）	系统测试（E/E）	系统测试（车辆）
主要功能	●	●	●	●	●	●
配置数据	○	○	●	●	●	—
诊断功能	—	○	●	●	○	○
错误检测 / 错误处理	○	●	●	●	●	○
可靠性	—	—	○	●	●	●
易用性	—	—	—	○	○	●
性能	—	—	○	●	●	○
接口的交互	○	●	●	●	●	—
结构覆盖	○	●	●	—	—	—
需求覆盖	●	●	●	●	●	●

● 推荐	○ 部分可检测		—没有太大意义		

　　表 4-5 总结了项目制定的测试策略对于测试环境的规定。对于各个测试级别，该项目参考了测试手册的规范（见表 4-4），但明确指出了软件中的集成步骤，以便更好地解释各自的测试环境和测试目的。每个测试级别至少对应一个测试环境。每个测试环境至少负责一个测试目的。表中测试环境下还列出了所需测试环境的数量。除了动态测试之外，软件组件测试还包括静态分析。静态分析必须在动态测试之前完成。

表 4-5　为测试级别和测试目的分配测试环境

测试级别	测 试 环 境	测 试 目 的
模型测试	MiL（每个模型 1 个）	• 主要功能的功能正确性达到 100% 需求覆盖（模型需求或软件组件需求）
软件组件测试	静态分析工具（1 套）	• 遵守编程规范（MISRA C:2012，企业标准）
	软件组件 SiL（每个软件组件 1 个）	• 主要功能的功能正确性，以及（如果在没有硬件可测试的情况下）错误检测 / 错误处理达到 100% 需求覆盖（软件组件需求）。如果配置数据对软件组件有直接影响，则在测试中也必须考虑到这一点 • 结构覆盖（QM 至 ASIL B：至少 90% 的判定覆盖率；ASIL C 至 D：至少 90% MC/DC 覆盖率）；在代码中动态测试未涵盖到的结构附加代码评审
软件集成测试	应用软件 SiL（1 个）	• 应用软件的 SW-Cs 之间接口处的功能正确交互（通过模拟的 RTE），包括故障检测 / 处理的达到接口 100% 的结构覆盖率
	ECU 软件 SiL（1 个）	• SW-Cs 与 RTE 之间，以及 RTE 与 BSW 之间接口处的功能正确交互，包括错误检测 / 错误处理的达到 100% 接口结构覆盖率
软件测试	ECU 软件 SiL（2 个）	• 主要功能的功能正确性、对配置数据的响应、错误检测 / 错误处理和诊断功能达到 100% 需求覆盖率（软件需求） • 软件性能（如果在没有硬件的情况下可以测量，例如，最大堆栈消耗、操作系统进程的调度） • 错误情况下软件的可靠性

续表

测试级别	测 试 环 境	测 试 目 的
硬件 / 软件 集成测试	组件 HiL（1 个）	• 硬件 - 软件接口（HSI）正确的功能交互和错误检测 / 错误处理达到 100% 接口结构覆盖率 • HIS 的性能（如实时能力、吞吐量） • ECU 的性能（如最大内存消耗、最大处理器负载、处理器调度）
ECU 测试	组件 HiL（1 个）	• 主要功能的功能正确性、对配置数据的响应、故障检测 / 处理和诊断功能达到 100% 的需求覆盖率（ECU 需求） • ECU 在负载 / 错误输入下的性能和可靠性
E/E- 系统 测试	系统 HiL（1 个）	• 整体 E/E 系统的组件（ECU、传感器、执行器、总线系统、线束）之间接口处的正确功能交互以及错误检测 / 错误处理达到 100% 接口结构覆盖率
系统测试	测试车辆 （1 辆，由 BEC 提供）	• 主要功能的功能正确性，对配置数据的响应和诊断功能达到 100% 需求覆盖率（系统需求） • 可靠性（如密集驾驶中的抗疲劳性） • 整体系统的易用性

　　由于有两名测试人员可用于软件测试，因此为软件测试级别计划了两个测试环境。对于使用 HiL 测试环境的系统测试，尽管有三名测试人员可用，但出于成本原因的考虑，仅计划使用一个 HiL 测试环境。因此，系统测试的测试容量是有限的，并且很难实现所预期的 100% 需求覆盖率。因此，托马斯在了解了在预设的 HiL 测试环境中实际能执行的测试范围后，尽快调整了测试策略。他要么缩小测试范围，要么争取必要的预算以增加一个额外的 HiL 测试环境。由于测试车辆非常昂贵，且 BEC 仅偶尔提供测试车辆，因此很有可能也要降低 100% 需求覆盖率的目标。然而，至少对于与功能安全相关的需求，仍应在车辆中进行测试。

第5章　测试方法和技术

　　测试原则 2 告诉我们："不可能进行完全测试"（见 2.1 节）。对于一个完全的测试，测试人员必须执行前提条件和输入值的所有可能组合。除了非常简单的测试对象外，大量的测试（费用和时间）将远远超出测试所带来的益处。因此，测试只能是一项抽检活动。测试人员可以使用各种测试方法和测试技术来选择合适的抽样，在测试过程的测试计划中确定其选择。

　　书中所考虑的测试方法和测试技术的概述，以及它们与测试策略和测试计划的关系见图 5-1。

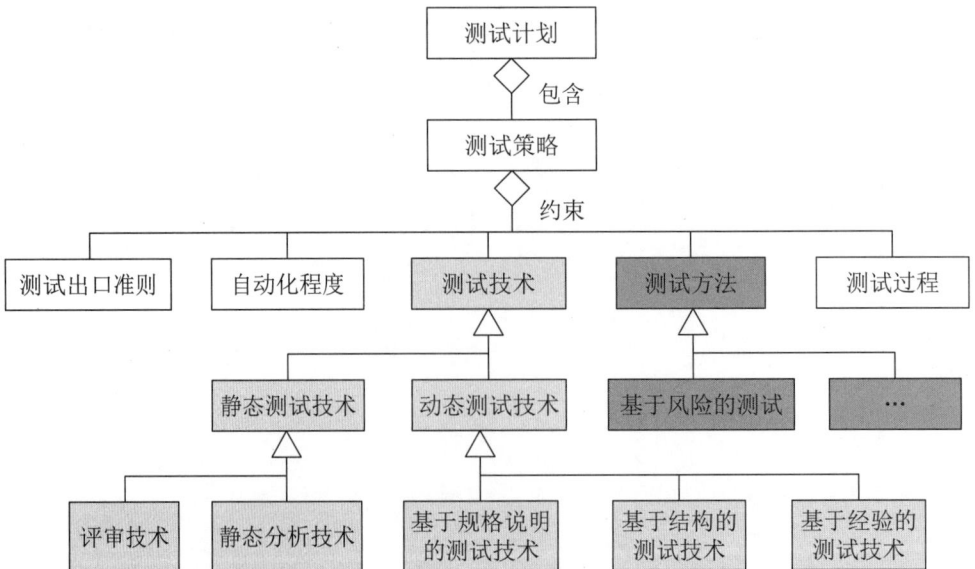

图 5-1　测试方法和测试技术与测试策略和测试计划的关系

测试方法和测试技术的具体描述如下。

（1）测试方法：在软件测试中，测试方法具有普遍性，代表了解决测试任务的原则性的基本方式和理论。例如，测试方法包括基于需求的测试、基于经验的测试、基于风险的测试和基于模型的测试（见 5.1 节）。

（2）测试技术：与测试方法相比，测试技术是完成测试任务的具体方式和技术。其中包括测试设计的技术和测试执行的技术，以及进行评审和静态分析的技术。此处列出的所有测试技术旨在最终检测缺陷并评估工作成果的质量。

在测试技术中又可分为静态测试技术和动态测试技术，具体描述如下。

（1）静态测试技术：静态测试可以在不执行测试对象的情况下检测缺陷。缺陷可以在程序代码中，也可以在上游开发文档中（如在需求和设计文档中）。静态测试包括评审技术和静态分析技术（见 5.2 节）。

（2）动态测试技术：与静态测试相反，动态测试涉及测试人员执行待测试的工作成果（例如可执行模型或程序）。观察到的失效很可能是由于缺陷造成的，定位和消除（通过调试）缺陷主要是开发人员的任务，而报告失效是测试人员的任务。动态测试的测试技术包括测试设计技术和测试执行的测试技术（见 5.3 节）。

5.1　测试方法

与测试技术相比，测试方法为实现测试目的提供了原则性的方式和理论，因此，测试方法还确定了测试技术的选择方向，进而描述了解决测试任务的具体方式和技术。最常用的 4 种测试方法如下。

（1）基于需求的测试（见 5.1.1 节）。

（2）基于经验的测试（见 5.1.2 节）。

（3）基于风险的测试（见 5.1.3 节）。

（4）基于模型的测试（见 5.1.4 节）。

在实践中，测试人员经常结合使用不同测试方法。

5.1.1　基于需求的测试

在基于需求的测试中，测试人员将需求作为测试依据，并尽最大可能为每个需求设计一个或多个测试用例。测试用例覆盖需求总数的程度称为需求覆盖率。测试对象满足需求的程度反过来又是作为衡量测试对象的质量标准。

这种相当实用的方法延伸到了测试的所有子过程：在测试规划阶段，测试人员已经可以根据需求的数量和复杂度进行工作量的估算。并据此在测试计划中确定测试目的。在测试分析阶段，测试人员评估需求的质量，并导出测试条件（如边界值）。通过使用基于规格说明的测试设计技术（如边界值分析），测试人员可以设计出能涵盖测试条件和测试目的所需的测试用例。随后，测试人员执行这些测试用例并分析测试结果。如有必要，还会细化测试，从而可能会产生更多的测试用例。

这种方法的主要缺点是测试人员只能测试他所明确已知的需求。如果需求不完整或者没有清晰说明，测试人员无法对其进行测试。在实践中，情况往往会如此，并且这是一个重大问题。

测试人员可以通过使用其他补充的测试方法（例如基于经验的测试）来降低这种风险。例如，可以使用探索性测试来评估没有阐述清楚的预期行为。另外，如果需求非常详细，测试人员可能也无法测试所有这些非常详细的需求，因为这样测试的数量会过于庞大。那么，即使基于需求的测试也无法帮助选择具体的测试数据。在这些情况下，基于风险的测试方法就是一个很好的选择，可以帮助对测试用例的优先级排序和测试数据的选择。

示例 巡航系统

根据 ASPICE，系统测试的目的是验证系统与系统需求的一致性（见 3.1.2 节）。出于这个原因，测试经理托马斯选择了基于需求的测试方法。

巡航系统的功能规格说明如表 5-1 所示。

表 5-1 巡航系统的功能规格说明

REQ-ID	需 求
TEMP-10	只要实际速度（v_{ist}）小于最小允许速度（v_{min}），巡航系统必须禁用巡航系统功能
TEMP-11	只要实际速度（v_{ist}）大于最大允许速度（v_{max}），巡航系统必须禁用巡航系统功能

测试人员提姆设计了两个测试用例，规格说明如表 5-2 所示。

表 5-2 巡航系统的测试用例规格说明

TC-ID	属 性	说 明
SYS-10.1	前置条件	调节处于激活状态，$v_{ist} \geq v_{min}$
	输入	$v_{ist, neu} = v_{min} - 5$ km/h
	预期结果	关闭调节（不能激活）
	后置条件	调节处于非激活状态
SYS-10.2	前置条件	调节处于激活状态，$v_{ist} \leq v_{max}$
	输入	$v_{ist, neu} = v_{max} + 5$ km/h
	预期结果	关闭调节（不能激活）
	后置条件	调节处于非激活状态

这两个测试用例足以实现完整的需求覆盖，因为最低要求是每个需求至少需要一个测试用例。但是，即使这两个需求得到了正确的实现，也还需要考虑如下三点。

（1）驾驶员如何得知不能再次激活的原因？这方面没有具体说明，因此也没有测试。

（2）开发人员可能在实现运算符时出错（例如，$v_{ist} \leq v_{min}$ 而不是 $v_{ist} < v_{min}$）。随机选择测试数据从而无法检测到边界处 $v_{ist} = v_{min}$ 的缺陷。

（3）可以想象在倒车时激活调节器（例如 v_{ist} = −3 km/h），尽管这种滥用的情况是相当罕见的。在这种情况下，即使在倒车时也可能触发另一个已实现的需求。因此，在速度范围（$0< v_{ist} \leq v_{min}$）内可能仍存在未被发现的缺陷屏蔽情况。

这只是基于需求测试没有考虑到的一部分。可见，100% 需求覆盖率并不意味能自动产生一个合适的测试样本。

5.1.2　基于经验的测试

在基于经验的测试中，测试人员会根据直觉、经验和知识导出测试用例。当需求（基于需求的方法）或关于内部结构的信息（基于结构的方法）不足时，通常会采用这种方法。此外，非常复杂的问题很难通过分析方法来解决。在这种情况下，测试人员 / 测试经理通常仍然可以根据自己的经验直观地做出决策。

在这种方法中存在一个重大风险，即有丰富经验的人员必须在一个与当前实际情况有关的上下文中收集和积累经验。例如，测试人员在测试网络应用程序时获得的经验也许只能在有限的程度上应用到测试车辆的巡航系统中。即使是那些多年前测试过巡航系统的人，今天也不一定能同样做得很好。

特别是在基于经验的测试中，工作量的估算通常采用基于专家的估算技术。这些估算技术依赖于测试任务负责人或专家的经验。如果在一个团队中对工作量进行估算（如在计划扑克或德尔菲技术 [Spilner et al.，2014] 中），建立共识可以降低个人误判的风险。

经验丰富的测试经理在做出决策和选择测试策略时也会经常利用他自身的直觉。

在测试准备过程中，测试人员使用基于经验的测试技术，如依赖直觉生成测试用例（错误猜测）或基于检查表的测试。在这些技术中，测试人员会利用其对产品以前的使用经验，以及先前产品测试中出现错误的经验，来设计测试用例和选择测试数据。特别地，对于系统或功能的预期行为往往也只能参照经验。

在测试执行的框架中，随机测试（Ad-hoc Testing）是一种广泛使用的、同样基于经验的测试技术。随机测试是测试人员为特定目标或在特定情况下临时执行的测试。

另一种基于经验的测试技术，即探索性测试，也用于测试执行的框架中（或基于会话测试中的某次测试会话）。与较为不系统的随机测试相比，在探索性测试中，测试人员在测试执行期间根据测试执行和评估过程中获得的经验更为系统地执行测试。

示例　巡航系统

在 ULV 传动系统的概念和规划阶段，项目经理佩特拉要求测试经理托马斯提交了所有测试活动的粗略成本估算。为此，托马斯计划与测试人员提姆，以及另一个即将进入量产阶段的并行项目中两位经验丰富的测试同事和一位测试经理一起进行专家评估。

由于项目的高复杂度和客户需求规格说明相对粗略，托马斯担心在测试设计中仅采用基于需求的方法不够充分。因此，他计划20%的测试用例使用基于经验的技术来设计（依赖直觉生成测试用例，见5.3.2节中的示例）。为此，他要求提姆和两位测试同事一起编写一个列表，收集电力驱动系统中很容易导致功能错误和故障的信息。根据该列表，提姆将在之后导出针对ULV的测试用例。

5.1.3 基于风险的测试

在基于风险的测试中，测试活动和测试资源的管理、选择、优先级设置和应用是基于已识别的产品风险，即可能导致在产品运行过程中造成损害的因素。风险大小可以通过可能的损害程度和发生的概率来确定：

风险大小 = 发生的概率 × 损害程度

损害程度包括所有的物质和非物质损害。例如，包括资产损失、时间浪费和形象品牌的损害，也包括人员伤亡。

发生的概率由以下三个相互依赖的因素组成。

（1）由于开发中的错误行为或在运行时外部影响因素导致缺陷的可能性。

（2）测试中未检测到的缺陷，在运行过程中的某个特定用途下引发失效的可能性。

（3）用户在操作中无法控制的失效造成损害的可能性。

基于风险测试的目的是，将最高的测试工作量投入到最高等级的风险中，从而降低由于未检测到的缺陷而导致后续损害的可能性。然而，测试无法影响损害的严重程度。

基于风险的测试从测试规划阶段已经开始。例如，如果预估软件组件间接口的风险很低，那么采用大爆炸式集成策略可能是合适的。在运行过程中，如果缺乏可靠性会带来比缺乏性能效率更大的损害，那专注于可靠性的测试就可能是一种基于风险的措施。

在测试分析和测试设计阶段，识别出的产品风险可以帮助测试人员或测试分析师设置和排序测试条件的优先级、选择测试设计技术及设计测试用例。例如，如果某个需求在实现中是无关紧要的，并且在运行时发生损害的情况也微不足道，那么一个表面和较浅的测试就够了。然而，如果一个需求由于实现中的许多依赖性而变得复杂（即风险发生的预期可能性很高），则建议使用更高的测试强度。基于风险的测试方法也体现在测试的实现中，具体如下。

（1）测试用例的具体化或选择测试数据的具体值，应基于未来使用的可能性或出现缺陷的可能性。

（2）测试执行计划中要执行的测试用例的顺序不仅应考虑专业上的依赖性，还应考虑基于风险的优先级。

（3）回归测试的选择应基于影响分析。这意味着测试人员应该优先考虑最有可能受软件变更影响的回归测试用例。

在测试执行过程中，测试人员可以识别更多的产品风险。在上游测试活动中风险是基于假设形成的，而测试人员可以在测试执行期间验证这些假设。测试人员可能在软件的某些区域中识别出比最初预测更多的缺陷。如果测试人员采用（应对型）基于风险的方法，他应该更深入地测试那些经常出现错误的区域。

　　基于风险测试的一个主要缺点是在风险识别和风险分析过程中的工作量不容低估。风险是否得到全面识别和正确评估，这在很大程度上取决于利益相关方的经验和直觉。因此，在这一过程中要让尽可能多的（特别是有经验的）利益相关方参与。

示例　巡航系统

　　在概念和规划阶段，巡航系统子项目经理托尔斯滕举办了一次风险研讨会，与经验丰富的开发人员和测试人员一起识别和评估产品风险。该团队将不当使用的场景（误操作）中缺乏稳健性的问题评为最高风险。根据这一风险，测试经理托马斯为组件测试制定了测试目标，如表 5-3 所示。

表 5-3　组件测试的测试目标

测试目的 -ID	需　　求
TZ-01	评估所有组件在超出运行参数范围使用情况下的稳健性

处理驾驶员期望的组件规格说明如表 5-4 所示。

表 5-4　处理驾驶员期望的组件规格说明

需求 -ID	需　　求
AF-04	处理驾驶员请求的组件必须能读取制动踏板位置信息（$r.s_{brems}$）[0⋯100 ≙ 0%⋯100%]
AF-15	所有参数的数据类型都是整数 Integer（int 16 bit）
AF-16	所有参数的精度为个位数字

　　在 C 编程语言中，整数 int 对应数据类型 signed int。在 16 位分辨率下，这意味着可能的数值范围为 –32 768~32 767。然而，在这个区域中，只有从 0 到 100 的值是有效的。有效范围之外的值必须要被组件识别为无效。由于测试人员提姆的任务是评估组件在正常运行参数域（测试目的 TZ-01）之外使用时的稳健性，他设计了以下测试用例，规格说明如表 5-5 所示。

表 5-5　处理驾驶员期望的测试用例规格说明

测试用例 -ID	属　　性	说　　明
KOMP-13.1	前置条件	调节处于激活状态
	输入	制动踏板位置 $r.s_{brems} < 0$
	预期的结果	返回错误
	后置条件	错误存储已删除，调节处于激活状态
KOMP-13.2	前置条件	调节处于激活状态
	输入	制动踏板位置 $r.s_{brems} > 100$
	预期的结果	返回错误
	后置条件	错误存储已删除，调节处于激活状态

为了选择具体的数值，他考虑了错误值的概率，测试数据的选择如表 5-6 所示。

表 5-6　测试数据的选择

测试用例 -ID	值选择的说明
KOMP-13.1	对于 $r.s_{brems} < 0$ 的情况，他选择 – 60% 这个值，因为他认为在一般情况下的 60% 制动踏板位置时，最有可能发生符号错误（如由于传感器连接不正确）
KOMP-13.2	对于 $r.s_{brems} > 100$ 的情况，他选择 105 这个值，因为他认为远大于 100 的值极不可能出现。然而，稍微高于规定极限 100 的情况是可以预见的，如当制动踏板越过终点时

如果只考虑参数 $r.s_{brems}$，那么这两个测试用例就足够了。但是，即使提姆已经实现了测试目的，真正的功能仍然没有得到测试（缺少 $r.s_{brems}$ 在从 0 到 100 参数范围内的测试用例）。因为托马斯并没有将其归类为关键的测试。

5.1.4　基于模型的测试

基于模型的测试（MBT）是基于对测试对象预期行为的模型。该模型具有以下三个关键特性。

（1）它反映了一个（有待创造）现实。

（2）它将所反映的现实简化为选定的属性。

（3）它是为特定用途而创建的。

严格地说，测试人员在所有测试中都使用一个模型作为测试依据。它可能有以下几种形式。

（1）自然语言需求。

（2）思维图和演示。

（3）数学方程（如 ASCET/MLAB 模型）。

（4）图形符号（如 UML 图）。

（5）矩阵（如决策表）。

（6）上述各类的综合体（混合形式）。

同样，基于模型的测试也是基于模型，但是与之不同的是，这个模型必须是形式化和 / 或足够详细的，以便能够从中导出有用的测试信息。在实践中，基于模型的测试通常至少包括以下方面之一 [Winter et al.，2016]。

（1）用于测试活动的自动化。

（2）测试过程中工件的建模。

基于模型测试的优点包括通过更高程度的测试活动自动化（如在测试设计中）更高效地生成测试工件。这种自动化程度的结果是，可能会在相对较短的时间内自动生成、执行和验证大量的测试用例。

通常，在基于模型的测试中，测试人员使用模型作为测试依据，自动从中导出测试输入和预期结果。如果模型以机器可读的形式存在，如作为 UML 状态图，则状态转换测试的设计可以自动化。根据模型化的使用配置文件可以选择测试数据。此外，测试人员还可以用图形符号（例如 UML 活动图）来定义测试用例和测试顺序。

随后，测试人员可以手动或自动执行从模型中获得的测试，以及在有必要时手动或自动执行作为模型形式定义的测试。

使用模型也可以在其他领域带来好处。可执行模型能模拟待开发系统或待开发组件。这使得动态测试能在代码生成之前验证和确认模型，而该模型也是待实现代码的基础（见4.2.1 节）。一旦（可执行）模型经过验证和确认，在代码生成后，它也可以作为预期行为的参照物（见 5.3.1 节）。

5.2　静态测试技术

在工作成果中发现缺陷的时间越晚，其修正缺陷的成本就越高，所需时间也越长。在可执行代码可用之前的早期阶段，测试人员就可以进行静态测试。静态测试技术描述了具体的测试方式和技术。其中包括静态分析的测试技术（见 5.2.1 节）和评审技术（见5.2.2 节）。

在汽车行业广泛使用的 MISRA C 程序规范在 5.2.3 节中具有特殊地位。这套规范是 C 编程语言中代码编写规范的汇集，其遵守情况可以通过静态分析和评审来检查。

5.2.1　静态分析技术

静态[①] 代码分析是一种系统化的检查，通过将程序代码分解为代码元素（如语句或判定），并分析它们之间的关系（如数据流和控制流）来进行。由于这些元素和关系通常遵循结构性规则（如语法规则），因此借助工具可以很容易地对其进行自动检查。在这种情况下，称为工具支持的静态分析。

静态代码分析技术包括语法分析、数据流分析、控制流和复杂度分析。借助于这些技术，测试人员可以识别出难以通过动态测试发现的异常（潜在缺陷）。

1. 语法分析

在编程语言的环境中，语法是一个规则系统，根据这些规则，开发人员形成良好格式（语法正确）的程序文本。语法规则不仅决定了单个程序语句的正确书写方式，也规定了程序的正确构造，类似于书面语言中的拼写和语法。此外，还可能存在程序文本设计的约

---

① 代码分析可以是静态（不执行代码）或动态（在运行时）代码分析。动态代码分析可以分配给动态测试，通常用于非功能和结构测试类型。

定惯例，例如，避免使用的程序语言中的某些构造。在 C 编程语言中可能会出现示例性异常情况，语法规则和约定示例如表 5-7 所示。

表 5-7　在 C 语言中的语法规则和约定示例

规　　则		错　　误	正　　确
拼写	语句必须正确书写	retrn DevState;	
构造	语句必须以结束符（；）结尾	return DevStat	return DevState;
约定惯例	标识符必须用 UpperCamelCase 表示法书写	return devastate;	

在 CamelCase 表示法（也称为驼峰式命名法）中，每个单词的第一个字母要求大写，以提高由若干单词组成的标识符的可读性。在 [lower]CamelCase 表示法中，整个词的第一个字母是小写的；而在 UpperCamelCase 表达法中，第一个字母则大写。

2. 数据流分析

数据流分析研究程序中变量的生存周期及其变量存储值（数据）。在数据流分析中会提出如下问题。

（1）变量在哪里声明，即变量的维度、标识符和数据类型是否已经确定？

（2）变量在程序的哪部分有效或可见？

（3）变量在哪里被定义，即为其赋值？

（4）变量在哪里被访问，即读取变量的值？

（5）变量在哪里被删除 / 销毁？

例如，在每项这类操作过程中都可能出现以下异常情况。

（1）删除一个未声明的变量。

（2）读取一个尚未定义的变量值。

（3）声明一个已声明过的变量。

（4）定义一个已定义过但此后尚未被访问过的变量。

该测试技术的更详细解释可参阅 [Bath，McKay，2015，第 284 页等]。

3. 控制流分析

程序代码由语句、分支（如 if 语句）和循环（如 while 循环）等程序元素组成。控制流描述了当程序执行时，在执行程序代码期间沿着各个结构化程序元素的可能路径。

通过控制流分析，测试人员检查程序结构。这样可以检测以下两种典型异常情况。

（1）由于 if 语句中的某个条件无法得到满足，导致无法访问（死）代码。

（2）由于无法满足循环末端的结束条件而导致无限（死）循环。

该测试技术的更详细解释可参阅 [Bath，McKay，2015，第 282 页等]。

4. 复杂度分析

开发人员由于不当行为而导致代码中出现缺陷。除了时间压力、资质和创新程度外，复杂度也是不当行为的一个主要风险因素。随着程序代码越来越复杂，不当行为的风险也会增加，从而导致缺陷的风险也随之上升。

代码的复杂度主要表现在分支的数量、代码行数、容易混淆的标识符及缺乏结构化的编程上。通过复杂度分析，测试人员可以评估程序结构的复杂度。测试人员使用指标数字，即所谓的复杂度指标，作为复杂度的衡量标准。复杂度度量（如 McCabe 指标 [Macabe，1976]）不仅可以作为开发人员的发布标准 [Kuder，2008]，也可以为测试人员提供估算错误密度的参考指示。有关该测试技术的更详细说明请参阅 [Spilliner L，2019]。

5.2.2　评审技术

评审是一种静态测试，旨在通过一名或多名人员对工作成果或过程进行评估，以识别缺陷或实现改进。尽管评审中可能包括静态分析，但评审特别适用于那些难以通过工具支持分析的情况，特别是当需要凭借评审人员的经验来评估工作成果时。例如，如果评审的目的是针对重要内容、备选方案评估或凭直觉检测薄弱部位时，评审人员的经验是必需的。

评审人员可以采用多种评审技术。以下各技术示例可单独使用或组合使用（见 CTFL）。

（1）临时（Ad-hoc）评审：评审人员几乎没有或根本没有关于如何执行任务的指导和规范。因此，该技术的有效性和效率在很大程度上取决于评审人员的个人能力。

（2）基于检查表的评审：评审人员在评审开始时收到检查表，他们对照检查表检查工作成果。然而，他们也应该注意检查表之外的缺陷。

（3）基于场景的评审：评审人员将工作成果结合用户可能的应用场景一起进行评审。同样，他们也应该关注不在这些场景中的缺陷。

（4）基于角色的评审：评审人员从不同利益相关方（如经验丰富或缺乏经验的用户、车间员工、测试人员）的角度评估工作成果。

（5）基于视角的评审：评审人员尝试利用被评审的工作成果导出自己的工作成果（例如，从测试人员的角度来推导测试用例）；其他方面与基于角色的评审类似。

1. 评审测试依据

在测试过程中，测试人员的任务是评估测试依据（如需求、架构设计或程序代码）在测试分析范围内的适用性。根据一项研究报告 [Sauer et al.，2000] 显示，基于视角的评审是最有效和高效的评审技术。每个评审人员都可以使用评审指南，以确保那些没有或缺乏经验的评审人员也能够更好地完成他们的工作。该评审指南由以下三部分组成。

（1）描述了评审人员在评审过程中应考量的利益相关方观点。理想情况下，甚至可以由利益相关方的代表作为评审人员，帮助从测试人员的视角考虑需求。

（2）描述了利益相关方应从待检查的工作成果中导出自己的工作成果。对于从测试人员的视角评审需求，导出的工作成果可以是测试条件和测试用例。

（3）包含一份检查表，其中包含对第二部分中制定工作成果的疑问和问题。例如，关于测试用例的一个问题可能是：是否能观察到所要求的系统行为。

2. 需求的质量特性

需求的质量特性有助于测试人员评估这些需求的质量。ISO 29148 描述了单个需求和需求集的质量特性，如表 5-8 所示。

表 5-8　根据 ISO 29148 的需求质量特性

质 量 特 性	解　　　释	有 效 范 围
边界性 *	需求集仅包含针对确定范围的需求	M
原子性 *	需求文本仅包含一个需求（无连接词，不能再细分）	A
明确性 *	需求只能用一种方式解释	A
一致性 *	需求本身或相互之间没有任何矛盾	A，M
解决方案中立性	需求避免不必要的设计限制	A
可行性	需求集在生存周期的限期内是可实现的	M
必要性	需求定义了实现目标的重要性能特性	A
可实现性	需求在不需要重大技术进步情况下是可实现的	A
可追溯性 *	需求可以追溯到上下游关联的工作成果	A
可验证性 *	需求的实现可以通过客观证据证明	A
完整性 *	需求或需求集包含所有所需的信息	A，M

A：单个需求的质量特性
M：需求集的质量特性（需求集合）
*：测试人员须特别关注

这里列出的需求质量特性虽然重要，但在实践中，几乎很少需要所有质量特性都能 100% 满足。例如，将每个可以想象的隐含知识作为明确的需求完全记录下来是不可能的，也是不明智的。此外，并不是每个质量特性对每个利益相关方都同等重要。下面详细地解释与测试人员特别相关的质量特性。

1）边界性

如果单个需求都没有超出满足用户需求所需的范围，那么这组需求（需求集）仍在确定的问题解决范围内。如果某个需求大大超出了要求的解决方案，这通俗地称为镀金解决方案（过度设计）。

对于测试人员来说，如果需求超出所需的问题解决方案时，所面临的问题是这些需求往往会超出解决问题所设定的时间和成本范围。同样的情况也适用于软件测试：测试人员必须测试这些额外的需求，而这会消耗测试资源，最终导致这些资源无法用于问题解决方案的相关范围。

2）原子性

如果一个需求表述不能再进一步拆分为有意义的更小需求，此需求表述就是原子性的。如果一个需求表述包含连接词（如"和"）或枚举项，那么它可能不是原子性的。

当需求表述不是原子性时，给测试人员带来的问题是：由于这些需求的表述包含多个（更小）需求，因此也需要用多个测试用例来验证。而在执行测试后，则可以得到多个测试结果。如果某个测试未通过，则无法将测试结果明确归属给某一个具体需求。这会使得可追溯性变得困难，从而也影响基于可追溯性的影响分析。

3）明确性

对于一个需求，当读者只能以一种解释方式来解释时，那么它就具有明确性。此外，它还应该用一种简单的语言表述且易于理解。

当需求不明确时，给测试人员带来的问题是：他们可能无法正确对需求做出解释，从而导致测试人员所预期的行为并不符合利益相关方的期望。这会导致假阳性[1] 和假阴性[2] 错误，从而降低测试效率。

4）一致性

需求本身及与其他需求间都没有矛盾。此外，不存在需求冗余，如重复的需求。

当需求或需求集不一致时，给测试人员带来的问题是：在需求冲突的情况下，测试人员无法预测测试对象的预期行为，从而无法对这些需求进行有意义的测试。对于冗余的需求，则会导致潜在的变更异常的问题。当只对一个需求进行更改而没有考虑对冗余需求的影响时，就会发生这种情况。虽然重复不会对测试人员产生直接问题，然而，如果测试人员没有意识到这一点，则可能会导致工作量倍增。

5）可追溯性

每个需求都是垂直可追溯的，既可以追溯到上游工作成果（如市场需求），也可以追溯到下游工作成果（如实现）。此外，每个需求还可以水平追溯到测试结果。

当需求不可追溯时，给测试人员带来的问题是：他们无法分析一个失效对需求的影响，无法确定需求覆盖的程度，也无法检查测试用例与需求的一致性。

6）可验证性

对于每个需求，必须至少有一种验证技术，通过该技术可以提供客观证据证明测试对象满足该需求。验证技术包括静态和动态测试技术。例如，评审人员可以通过对程序代码的评审或静态分析来评估软件的维护性需求。另外，测试人员可以通过动态测试程序代码来检查功能需求的满足情况。

当需求不可验证时，测试人员面临的问题是：他们无法提供测试对象满足指定需求的客观证据，因此他们也无法实现重要的测试目的。

7）完整性

每个需求和整个需求集都允分描述了测试对象的能力和特性，以满足利益相关方的要

---

① 发现失效，其实不是失效。
② 是失效，但未被识别出来。

求。特别是，没有遗漏任何需求[①]。此外，该需求集不应包含以下任何项。

（1）待定义（To Be Defined，TBD）。

（2）待指定（To Be Specified，TBS）。

（3）待澄清（To Be Resolved，TBR）。

当一个需求或整个需求集不完整时，测试人员面临的问题是：他们只能进行基于不完整和不充分的需求或规格说明的测试。

8）其他质量特性

此外，根据 ISO 29148 的要求，需求也应具备"必要性""解决方案中立性""可实现性"。然而，测试人员通常只能在有限的程度上评估这些特性（如必要性），或者这些特性对测试的影响很小（如可实现性和解决方案中立性）。

3. 需求的评审检查表

检查表（Checklist）在基于视角的评审中，尤其是对于缺乏经验的评审人员来说，是一个重要工具。检查表包含评审人员（如测试人员）提出的问题，这些问题涉及某个工作成果（如需求）的质量特性，而该工作成果（如需求）与待开发的工作成果（如测试条件和测试用例）有关。如表 5-9 所示检查表包含与 5.2.2 节测试人员相关的质量特性可能存在的问题。

表 5-9　测试人员的评审检查表

质量特性	测试人员（选择）的检查表问题
边界性	• 该需求是否既不涉及测试对象范围以外的特性，也不涉及测试对象范围以内的特性 • 是否定义了触发和观察测试对象的接口 • 是否为需求分配了测试级别
原子性	• 是否通常需要许多测试用例才能覆盖需求描述[②] • 是否可以从测试结果中明确推断出需求描述的满足程度[③]
明确性	• 需求有效的条件是否具体且只有一种解释 • 功能测试所需的输入是否具体且只有一种解释 • 测试所需的输出及预期行为是否具体且只有一种解释
一致性	• 测试中，需求是否不会导致相互矛盾的行为或输出 • 测试中，需求是否不会导致相互矛盾的预期触发或输入
可追溯性	• 测试用例是否能被待验证的需求清楚地引用 • 需求是否能被由其导出的测试用例清楚地引用
可验证性	• 每个需求是否至少可以通过一种测试类型进行验证 • 每个需求是否至少可以通过一种测试技术进行验证
完整性	• 对于每个依赖于条件的需求，如果没有满足此条件，是否也已经描述了预期的行为 • 有否由于有待定义、待指定或待澄清项而遗漏了与测试相关的信息

---

① 经验表明，需求规格说明中往往会忽略一些理所当然的情况，或特殊和错误的情况。

② 这是一个相当主观的标准。为了能评估这一点，需要一位经验丰富的测试人员作为评审专家。

③ 示例：测试一个由多个需求组成的表达式需要 10 个测试用例。如果 1 个测试用例失败，则不清楚需求表达式在多大程度上得到了满足。

示例　巡航系统

需求经理罗尔夫邀请测试人员提姆评审（审查）组件规格说明。在评审启动会议上，罗尔夫介绍了评审过程，并向所有评审人员分发了要检查的组件需求规格说明（见表 5-10）和单独的检查表（见表 5-9）。提姆应检查巡航系统调节器组件的需求。需求文档以文本文档的形式存储在项目硬盘上。

表 5-10　巡航系统组件的需求规格说明

需求 -ID	需　求
TR-01	巡航系统调节器组件必须能读取目标速度（v_1）和实际速度（v_2）
TR-02	巡航系统调节器组件必须确定目标速度（v_2）和实际速度（v_1）之间的调节偏差（e_T）
TR-03	当调节偏差（e_T）为正（$v_2 \geqslant v_1$），巡航系统调节器组件必须请求所需的扭矩（$M_{soll,T}$）
TR-04	巡航系统调节器组件必须能限制扭矩要求（$M_{soll,T}$），使得车辆的加速度（$a_{ist}=v_1'$）仍然能保持舒适度
TR-05	巡航系统组件必须提供巡航系统所需的扭矩（$M_{soll,T}$）
TR-06	扭矩协调组件必须能从巡航系统读取扭矩要求（$M_{soll,T}$）
TR-07	巡航系统调节器组件必须可移植到未来的处理器架构

提姆根据检查表检查了需求，并在他的偏差报告（见表 5-11）中记录了发现的偏差。

表 5-11　偏差报告

ID	REQ-ID	质量特性	偏　差
1	TR-06	边界性	该需求与巡航系统调节器组件不相关
2	TR-01	原子性	该需求描述由两个可独立测试的接口需求组成
3	TR-02	唯一性	不清楚调节偏差是如何计算得出的
4	TR-03	唯一性	不清楚应该通过什么算法确定所需的扭矩
5	TR-04	唯一性	不清楚怎样的加速度才算"舒适"
6	TR-01	一致性	TR-01 与 TR-02 的目标和实际速度的标识符（v_1/v_2）颠倒
7	所有	可追溯性	由于需求是以文本文档的格式提供，所以从需求到测试用例的可追溯性很差，甚至不可能进行引用
8	TR-07	可验证性	由于无法预见未来的处理器架构，因此无法通过可移植性测试验证此需求
9	TR-03	完整性	当调节偏差（e_T）为负（$v_2<v_1$）时，应有的行为未被定义

5.2.3　MISRA C编程规范

在汽车行业的嵌入式系统开发中，C 语言仍然被广泛使用。具体有如下多方面原因。

（1）C 语言的编译器可用于许多处理器。

（2）C 程序可以编译出高效的机器代码。

（3）C 语言（部分）已被标准化（ISO/IEC 9899:2018[ISO 9899]）。

（4）C 语言提供了允许直接访问处理器的输入和输出功能。

（5）在必须保障功能安全的嵌入式系统中，已经对 C 语言的使用积累了丰富的经验。

（6）存在大量支持 C 语言的静态分析和动态测试工具。

1. C语言的缺点

尽管 C 语言很受欢迎，但它也有缺点。

ISO/IEC 9899:2018[ISO 9899] 仅对 C 语言的部分内容进行了标准化。这种做法是为了允许大量现有的编译器用于不同的处理器，并在这些处理器上允许在细节上以不同的方式实现 C 语言。因此，在该语言的某些部分中，基于标准的行为是不确定的。这不仅使维护变得困难，还为将 C 程序转移到其他处理器（及其他编译器）带来无法估量的风险。即使编译后的代码在原处理器上按规定运行，在另一种类型处理器上重新编译后依然会表现出异常的行为。因此，测试人员必须检查并发现软件变体的异常行为，例如，通过背靠背测试（见 5.3.4 节）。

C 语言允许开发人员编写难以理解的代码。由于运算符的广泛使用，以及各种运算符可能的组合方式，会使得其中的错误通过编译器或评审人员也难以发现。

潜在未发现的缺陷示例

以下两种表达式都符合标准，并且对于非专业人员来说几乎无法区分。

If（a＝＝b)/* 检查 a 的值是否等于 b 的值 */

If（a＝b) /* 将 b 的值赋给 a 并进行检查 */

　　　　　　/* 该表达式是否为真 */

　　　　　　/* 赋值后的值是否不等于 0*/

分析工具无法识别这是缺陷还是预期行为。然而，更有可能的是，第二行可能包含一个拼写错误：第二个等于号被遗忘了，因为在数学中，一个等号就足以进行比较。

在 C 语言中，某些语言部分可能会被开发人员误解。例如，C 语言比其他语言有更多的运算符，因此，导致 C 语言运算符具有大量的优先级别，并非所有优先级别都是直观的，或这些优先级别的组合都是已定义的，如以下示例所示。

潜在未发现的缺陷示例

下面的表达式很好地说明了 C 语言中多个运算符的问题。

a = 1;

b = a+++a;

该表达式由两个运算符组成：优先等级为 4 的加法运算符“+”（如 a = b + c），以及优先等级为 2 的增量运算符“++”（如 a = a + 1）。在增量运算符的情况下，必须区分具有相同等级的后缀表示法（a++）和前缀表示法（++a）：在 a++ 中，值 a 首先被引用，然后递增一个单位数字 1。在 ++a 处，值 a 先增加一个单位数字 1，然后再被引用。上述表述允许以下两种标准解释。

    b = a++ +a;/*a 添加到自身 */

                /* 然后增量一个单位 1*/

                /* 结果 b = 3 */

    b = a+ ++a /*a 增量一个单位 1*/

                /* 然后添加到自身 */

                /* 结果 b = 4*/

由于增量运算符（++）比加法（+）运算符具有更高的优先等级，因此在加法之前应进行增量。然而，由于前缀和后缀符号具有相同的优先等级，因此根据标准，该表达式是未定义的。每个编译器制造商都有可能在这种情况下自主决定如何进行解释。根据所使用的编译器不同，就可能会获得不同的结果。

此外，隐式类型转换的规则也可能会让有经验的开发人员感到困惑。因此，运算操作产生的类型不一定必须与操作数的类型相匹配，如以下示例所示。

类型转换示例

以下表达式说明了 C 语言中的隐式类型转换。

char c1 = '6', c2 = '4', c3;

  c3 = c1 + c2;

变量 c1 和 c2 的类型为 char（字符）。由于变量 c1 和 c2 相加，编译器首先执行 char 到 int（整数）的隐式类型转换。根据 ASCII 表，字符 "6" 对应数字 54，字符 "4" 对应数字 52，两个字符相加总和得到数字 106。由于该值赋给 char 类型的变量 c3，编译器会再次执行 int 到 char 的隐式类型转换。结果 c3 变量的值为 'j'，即 c3 = 'j'。

使用 C 语言，开发人员可以生成紧凑高效的机器代码。然而，缺点是 C 程序通常不提供运行时错误检查。例如，运行时问题包括算术的异常（例如，除零错误）、变量溢出和无效指针（野指针）。C 语言的理念是，开发人员需要自己实现这些（检查）机制。然而，通常情况下，开发人员不会去检查，因为这些错误的暴露通常发生在后期，在运行的系统（例如，在系统测试或运行中）中才能检测到这些问题。

2. 编程规范的使用

这里列出的缺点可能会导致缺陷——但不一定会，因为也许这正是所预期的功能（特征）。因此，在编译程序时可能无法检测到这些缺陷。为了降低这类异常情况的风险，编程规范是一个行之有效的解决方案。因此，除了语言特定的语法之外，开发人员还须遵守额外的编程规范，这是目前的技术现状。

编程规范有助于避免可能导致失效的软件异常。同时，它们也支持开发人员提高软件的维护性和可移植性。由于每种技术都有其特定的弱点和特点，因此编程规范通常针对特定的编程语言。对于编程语言 C，MISRA C [MIRA 2013] 是汽车行业中广泛使用的标准。MISRA C 标准包含一百多个规范，这些规范分为规则和指令。

3. 规则和指令

规则可以通过静态分析工具来进行检查。这里的规则主要涉及语法、数据流和控制流。被归类为规则的规范在标准 MISRA C:2012[MISRA 2013] 第 8 章中进行了定义。

例如，规则 2.1 要求程序代码不得包含不可访问的（死）代码。测试人员[①] 可以通过控制流分析来识别违反该规则的情况。

指令则与规则不同，指令涉及语义方面或软件之外的文档记录。这些方面无法完全通过静态分析工具进行检查。因此，补充使用代码评审变得有必要。被归类为指令的规范在标准 MISRA C:2012 的第 7 章中进行了定义。

例如，指令 3.1 要求文档化需求与完整代码应该是可追溯的。这一要求旨在确保开发人员的代码只包含必要的语句。不需要的功能会导致未指定的，甚至是意外的行为。此外，开发人员也无法评估附加功能对系统行为的影响。

代码和（客户）需求之间的自动化可追溯性通常是不可用的或不太可能实现的。有一种可能方案是通过代码评审来验证实现是否满足详细设计，然后通过对设计评审来验证详细设计是否满足需求。

4. 责任和约束

对于所有指令和规则，MISRA C 标准也定义了它们的约束程度。该标准区分了建议、要求和强制性规范。

建议性规范仅为建议执行。只要开发人员为此付出合理的努力，开发人员就应该已经遵循了这些规范。例如，规则 15.5 定义了一个函数只能在其末尾退出，即不应包含多个 return 语句。如果一个函数包含多个 return 语句，可能会导致在函数结束时意外地跳过某些处理序列，例如，释放在函数开始时所分配的资源。

要求性规范，只有当开发人员遵循了既定的过程，并能证明偏差（偏离要求性规范）的合理性时，才能忽略要求的规范。例如，规则 15.7 定义了所有 if…else 语句中 if 的结构必须以 else 语句结束（此规则不针对简单的 if 语句）。这允许开发人员制定标准行为，即使没有一个判定结果为真。例如，如果判定规则没有涵盖导致判定的所有可能的条件组合，则可能会出现这种默认行为的情况（判定测试和条件测试见 5.3.3 节）。

强制性规范，开发人员必须遵守。不允许出现例外情况。例如，规则 17.1 定义了所

[①] 代码测试通常由开发人员自己直接执行。在这种情况下，开发人员扮演测试人员的角色。

有返回值的类型不是 void 类型的函数，其所有的退出路径必须包含带明确表达式的 return 语句。如果调用函数期望返回值，但被调用函数却没有返回值，则结果行为是未定义的。

对于所有指令和规则：组织或项目允许将 MISRA C 标准中规定的约束等级提高（例如，从建议性提高到要求性，甚至到强制性）。然而，约束等级降级（例如，从强制性降级为要求性，甚至是建议性）则是不允许的。

5.3　动态测试技术

与静态测试相反，测试人员在动态测试中执行测试对象（如代码或可执行模型）。要执行动态测试，可执行的测试对象是强制必需的。这里介绍的测试技术的目的是设计动态测试的测试用例（测试设计技术）并执行测试。

5.3.1　基于规格说明的测试技术

在基于规格说明的测试技术中，测试人员从规格说明导出测试条件和测试用例。这些规格说明可以是设计任务书、产品责任书或接口说明书。根据 ISO 26262[ISO 26262:2018]，等价类划分和边界值分析是需要测试人员特别关注的。此外，基于状态的测试（也称为状态转换测试）和判定表测试也很重要，但本书将不做详细介绍（有关内容可参看 [Spilner，Linz，2019]）。

1. 等价类划分

在等价类划分中，测试人员为指定的参数值范围建立等价类，并从中选择合适的代表值。出于这样的假设，后面的测试对象在处理每一个等价类内的代表值时，总是以相同的方式处理。因此，对于同一等价类中的每个代表值，其产生的结果是等效的。

该测试技术的目标是实现预定的等价类覆盖率（通常为 100%）。该覆盖率表示对应于已测试的等价类个数相对于所有等价类总数的百分比。

示例　巡航系统

巡航系统功能规格说明包括以下需求（见表 5-12）。

表 5-12　巡航系统功能规格说明

需求 -ID	需　　求
TEMP-10	只要实际速度（v_{ist}）小于最小允许速度（v_{min}），巡航系统必须禁用巡航系统功能
TEMP-11	只要实际速度（v_{ist}）大于最大允许速度（v_{max}），巡航系统必须禁用巡航系统功能

速度 v_{ist} 可分为以下三个等价类（见图 5-2）。

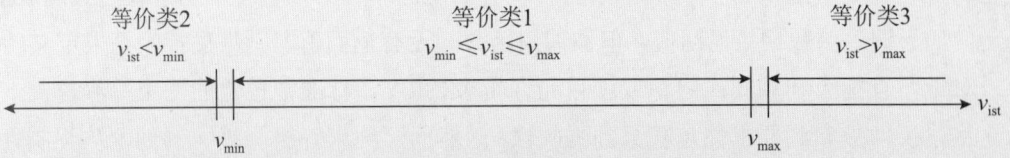

图 5-2　等价类划分

对于 100% 的等价类覆盖率，测试人员需要三个测试用例（见表 5-13）。

表 5-13　巡航系统功能测试用例规格说明

测试用例 -ID	属　性	说　明
SYS-311.1	前置条件	巡航系统未激活且 $v_{ist} < v_{min}$
	输入	驾驶员请求激活巡航系统
	预期结果	巡航系统仍处于未激活状态
	后置条件	巡航系统未激活
SYS-311.2	前置条件	巡航系统未激活且 $v_{min} \leqslant v_{ist} \leqslant v_{max}$
	输入	驾驶员请求激活巡航系统
	预期结果	激活巡航系统
	后置条件	巡航系统激活
SYS-311.3	前置条件	巡航系统未激活且 $v_{ist} > v_{max}$
	输入	驾驶员请求激活巡航系统
	预期结果	巡航系统仍处于非激活状态
	后置条件	巡航系统未激活

这些测试用例仍然是抽象的测试用例，即没有前置条件、输入、预期结果和后置条件的具体值的测试用例。测试人员必须在执行测试之前定义这些值（具体的测试用例）。

2. 边界值分析

在边界值分析中，测试人员会分析所有等价类的相应边界，并形成每个边界的待测试边界值。其背景是这样的假设，即软件实现中特别可能在边界处犯错误（如用 ">" 替代了 "≥"），而这些错误在等价类测试中可能不会被发现。因此，边界值分析是对等价类测试的进一步分析，并且需要了解待测试参数的等价类。ISO 29119-4[ISO 29119] 建议采用二点法或三点法测试技术。

（1）在二点法技术中，测试人员在每个边界处确定两个边界值用于测试：

①指定边界上的边界值。

②指定等价类外的边界值的下一个可能值。

（2）在三点法技术中，测试人员在每个边界处确定三个边界值用于测试：

①指定边界上的边界值。

②指定等价类外的边界值的下一个可能值。

③指定等价类内的边界值的下一个可能值。

该测试技术的目的是达到预定的边界值覆盖率（通常为100%）。该覆盖率表示对应于已测试的边界值相对于所有边界值总数的百分比。

示例　巡航系统

巡航系统功能规格说明包括以下需求（见表5-14）。

表 5-14　巡航系统功能规格说明

测试用例 -ID	需　　求
TEMP-10	只要实际速度（v_{ist}）小于最小允许速度（v_{min}），巡航系统必须禁用巡航系统功能
TEMP-11	只要实际速度（v_{ist}）大于最大允许速度（v_{max}），巡航系统必须禁用巡航系统功能
TEMP-15	巡航系统必须以 1km/h 的精度测定速度

对于等价类 1，具有边界 v_{min} 和 v_{max}。采用二点法技术后用来测试的边界值是 1.1/1.2 和边界值 2.1/2.2。采用三点法技术后，需在原来的基础上添加边界值 1.3/2.3（见图 5-3）。

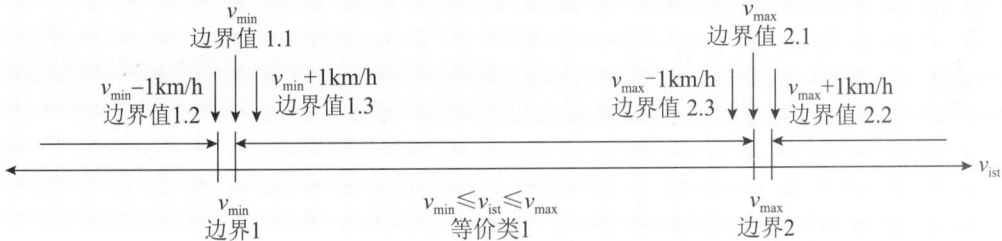

图 5-3　边界值的选择

使用二点法技术，测试人员提姆指定了以下 4 个测试用例，这 4 个测试用例针对等价类 1 的边界值能达到 100% 的覆盖率（见表 5-15）。

表 5-15　巡航系统测试用例规格说明

测试用例 -ID	属　　性	说　　明
SYS-312.1.1	前置条件	控制处于激活状态，且 $v_{min} \leq v_{ist} \leq v_{max}$
	输入	$v_{ist} = v_{min}$
	预期结果	控制仍处于激活状态
	后置条件	控制处于激活状态
SYS-312.1.2	前置条件	控制处于激活状态，且 $v_{min} \leq v_{ist} \leq v_{max}$
	输入	$v_{ist} = v_{min} - 1 \text{ km/h}$
	预期结果	控制关闭（无法激活）
	后置条件	控制处于非激活状态
SYS-312.2.1	前置条件	控制处于激活状态，且 $v_{min} \leq v_{ist} \leq v_{max}$
	输入	$v_{ist} = v_{max}$
	预期结果	控制仍处于激活状态
	后置条件	控制处于激活状态
SYS-312.2.2	前置条件	控制处于激活状态，且 $v_{min} \leq v_{ist} \leq v_{max}$
	输入	$v_{ist} = v_{max} + 1 \text{ km/h}$
	预期结果	控制关闭（无法激活）
	后置条件	控制处于非激活状态

5.3.2 基于经验的测试技术

在基于经验的测试技术中，测试人员根据自己的经验导出测试条件和测试用例。例如，这些经验可以是对预期行为的了解，也可以是对先前失效和缺陷的了解，还可以是个人的直觉。根据 ISO 26262，对测试人员特别有用的应该是基于直觉的测试用例设计技术（错误猜测法）。

在直觉测试用例分析中，测试人员根据自己的直觉导出测试用例，他们可以利用其早期在组件或系统中发现错误的经验。这里基于一种假设，即缺陷和其根本原因遵循系统学原理，这种系统性同样可以转移到待检查的测试对象。

为了设计测试用例，测试人员首先整理一份潜在缺陷和失效的列表，这些缺陷和失效在当前的测试对象中也有可能会存在。对于每一种可能的错误类型，测试人员设计出合适的测试用例，以便检测测试对象中是否同样存在此类错误。

示例 巡航系统

提姆在担任 ULV 巡航系统功能测试人员之前，曾在整车上担任多年集成测试方面的工作。在他工作期间经常出现 ECU 在睡眠模式下醒来的情况，因为这些 ECU 无法清晰地区分干扰和有用信号（总线消息）。结果，ECUs 相互唤醒，导致电流消耗增加，造成车辆电池放电。提姆利用这些知识设计了以下测试用例（见表 5-16）。

表 5-16 巡航系统测试用例规格说明

测试用例 -ID	属 性	说 明
SYS-32.1	前置条件	控制单元处于睡眠模式
	输入	CAN 总线上有干扰信号
	预期结果	没有反应
	后置条件	控制单元处于睡眠模式

5.3.3 基于结构的测试技术

除了基于规格说明（基于规格说明或黑盒测试技术）和测试人员的经验（基于经验的测试技术）设计测试用例外，基于内部结构（基于结构或白盒测试技术）的测试用例设计和执行也是一项有价值的工作，并且根据不同的 ASIL 等级，它甚至是一个强烈推荐的补充方法。

示例

通过对异常处理进行测试的示例，可以看到这种补充测试技术的好处。异常处理的目的是检测异常（如变量值范围溢出），并将其传递给其他程序层进行进一步处理（如错误消息）。因此，异常处理可以防止不受控制的失效（如系统崩溃）。

如果需求中没有规定异常处理，测试人员就无法为此目的设计基于规格说明的测试。此外，如果测试人员没有相关异常处理的经验，他们也不会进行基于经验的测试。如果测试人员没有发现代码中实现的异常处理，也就不会定义和执行测试用例，那么异常处理可能会被遗漏而未被测试。

基于结构的测试通常基于以下结构元素。

（1）语句。

（2）判定。

（3）条件。

伪代码示例

图 5-4 说明了这三个要素之间的区别。

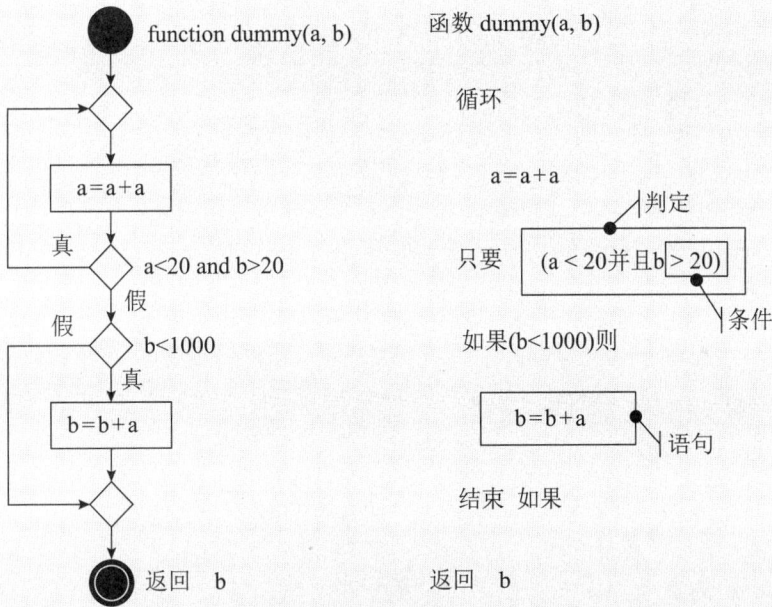

图 5-4　伪代码程序运行

基于结构的测试主要目的是测试以前未测试过的代码，以及识别不可执行的（死）代码。这在安全关键软件中尤为重要，以避免在错误情况下软件产生意外功能。基于结构的测试的目的通常是要实现 100% 的覆盖率。

为此，除了基于现有的规格说明和基于经验的测试之外，测试人员还要设计并执行结构覆盖所需的测试用例。以下基于结构的测试设计技术对测试人员特别重要。

（1）语句测试。

（2）判定测试（或分支测试）。

（3）修正条件 / 判定覆盖测试（MC/DC[①] 测试）。

1. 语句测试

语句测试的重点是代码的语句（如示例中的伪代码 b = b + a）。该测试技术的目标是实现预定的语句覆盖率（通常为 100%）。该覆盖率表示已执行语句数相对于所有语句总数的百分比。

伪代码示例

如图 5-5 所示的示例伪代码包含 8 条语句（包括开始和结束节点）。为了达到 100% 的语句覆盖率，测试人员提姆必须设计足够多的测试用例，以便所有 8 条语句都能被执行。在这个示例中，执行一个测试用例就足以达到 100% 的语句覆盖率（见表 5-17）。

表 5-17　伪代码的测试用例规格说明

测试用例 -ID	输　入		预 期 结 果	语句覆盖率
	a	b		
KOMP-333.1	30	10	70	100%

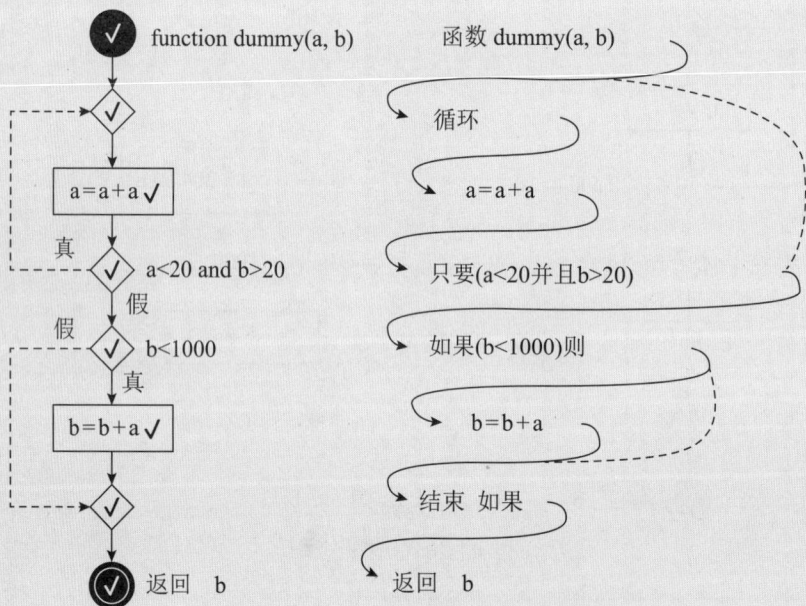

图 5-5　测试用例 KOMP-333.1 的控制流

然而，对于测试用例 KOMP-333.1，既没有通过循环语句中继续循环的判定结果，也没有通过判定语句的所有判定结果。

即使实现 100% 的语句覆盖率也不一定测试到了每个判定结果，但是对所有语句的完整测试仍被视为最低标准。鲍里斯·贝泽在他的著作 [Beizer，1990] 中写道："当测试新软

① MC/DC：是英文术语 Modified Condition/Decision Coverage（修正条件 / 判定覆盖）的缩写。

件时，没达到 100% 的语句覆盖率是极不负责任的行为，是应该被定罪的……如果没有明确表示，系统中还存在未经测试的代码，那是愚蠢、短视和不负责任的。"

2. 判定测试

判定测试的重点是代码中的判定（在示例伪代码中：（a < 20 and b > 20）及其判定结果（在示例伪代码中：真或假））。根据编程语言的不同，判定可以通过各种语句来实现，例如：

（1）if。

（2）if…else。

（3）switch…case。

（4）while。

（5）for。

（6）do…while。

该测试技术的目标是实现预定的判定覆盖率（通常为 100%）。该覆盖率表示所实现的判定结果相对于判定结果总数的百分比。

由于遍历了所有判定结果并且执行了所有语句，所以在实现 100% 判定覆盖率的同时也实现了 100% 语句覆盖率。

伪代码示例

示例伪代码包含两个判定（a<20 and b> 20）以及（b < 1000），每个判定都有两个判定结果（真和假）。测试用例 KOMP-333.1 尽管执行了所有语句，但仅实现了 4 个判定结果中的 2 个，这相当于 50% 的判定覆盖率。为了实现 100% 的判定覆盖率，测试人员提姆添加了测试用例 KOMP-334.1（见表 5-18）。

表 5-18　伪代码的测试用例规格说明

测试用例 -ID	输　入		预 期 结 果	语句覆盖率	判定覆盖率
	a	b			
KOMP-333.1	30	10	70	100%	50%
KOMP-334.1	5	1020	1020	100%	100%

通过这个方法，提姆实现了 100% 的判定覆盖率（见图 5-6）。图中突出显示了 4 个判定输出的控制流。

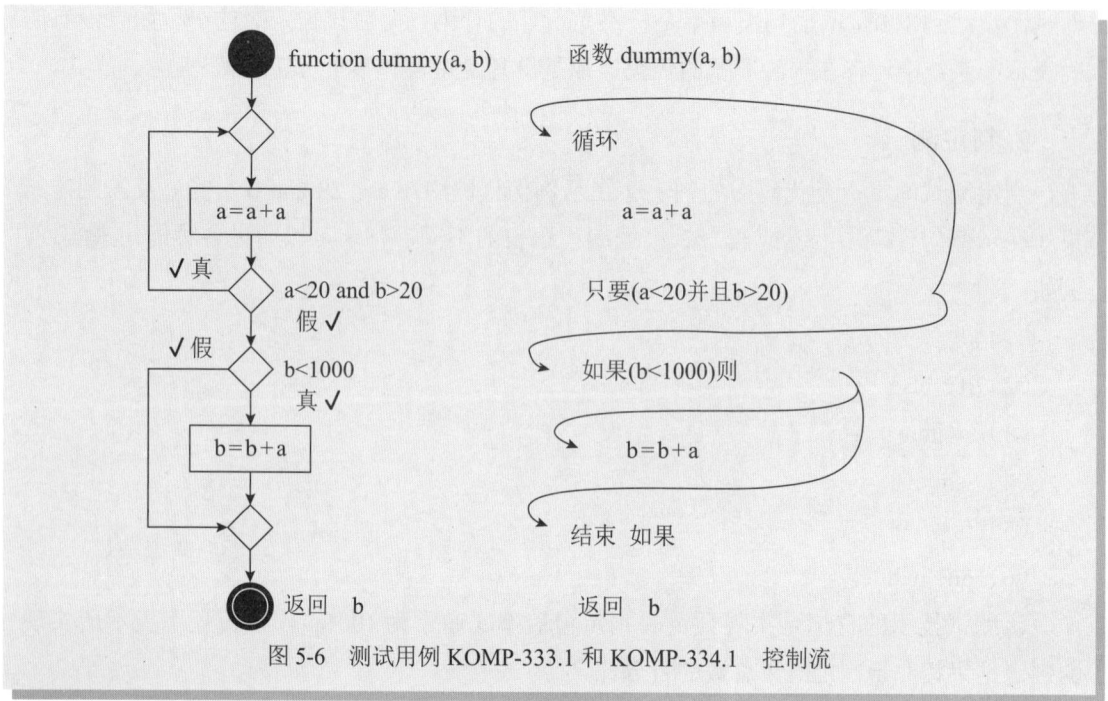

图 5-6 测试用例 KOMP-333.1 和 KOMP-334.1 控制流

相对于本书中描述的判定覆盖率（Decisions Coverage），ISO 26262 更建议测量分支覆盖率（Branch Coverage）。在分支测试中，即对于分支覆盖，具有节点和边的控制流图用作测试依据。与此相反，在判定测试中，即对于判定覆盖，程序文本本身作为测试依据。由于所有判定的输出都是通过所有分支，因此在实现 100% 的判定覆盖率的同时也实现了 100% 的分支覆盖率（反之亦然）。在所有其他情况下，分支覆盖和判定覆盖的覆盖率则可能会有所不同。

伪代码示例

示例伪代码包含两个判定：（a < 20 and b > 20）和（b < 1000），每个判定都有两个判定结果（真和假）。在分支覆盖中使用边（这里：9 条边）来确定覆盖程度，在判定覆盖中使用判定输出（这里：4 个判定输出）来确定覆盖程度。表 5-19 比较了这两种测试技术之间的覆盖程度。

表 5-19 伪代码的测试用例规格说明

测试用例 -ID	输　入		预 期 结 果	分支覆盖率	判定覆盖率
	a	b			
KOMP-333.1	30	10	70	7/9=78%	2/4=50%
KOMP-334.1	5	1020	1020	9/9=100%	4/4=100%

3. 条件测试

与判定测试相比，条件测试着眼于构成判定的条件，在判定测试中，测试人员设计测试用例以覆盖判定结果。因此，这项技术研究判定是如何做出的：每个判定（如在示例伪代码（a<20 and b> 20）中）由一个或多个原子条件（如在示例伪代码 a<20 及 b>20）组成。如果测试人员执行一个测试用例，那么每个条件的值都是真或假。这些值的逻辑组合产生了判定的结果值。如果判定只包含一个条件，则条件测试与判定测试相同。在条件测试中，以下三种测试技术特别重要。

（1）（简单）条件测试。

（2）组合条件测试。

（3）修正条件 / 判定测试覆盖（MC/DC 测试）。

特别地，修正条件 / 判定覆盖测试（MC/DC 测试）在安全关键软件中很常见，根据 ISO 26262-6，其在组件（单元）测试中从级别 ASIL-A 开始就已经作为推荐的测试。

伪代码示例

上述例子的判定（a<20 and b>20）由两个原子条件 a<20 与 b>20 组成。表 5-20 在示例中区分了参数、条件和判定的可能值。

表 5-20　参数 - 条件 - 判定

参 数 值		条 件 值		判 定 值
a	b	a < 20	b > 20	a < 20 and b > 20
5	1020	真	真	真
30	1020	假	真	假
5	10	真	假	假
30	10	假	假	假

1）（简单）条件测试

在（简单）条件测试中，测试的重点是代码中的原子条件及各条件的结果。该测试技术的目标是达到预定的条件覆盖率。该覆盖率表示实现的条件结果相对于条件结果总数的百分比。

伪代码示例

示例伪代码包含两个条件 a < 20 以及 b > 20，每个条件有两种条件结果（真或假）。对于 100% 的条件覆盖，两个条件中的每一个条件都必须达到两种条件的结果（真或假）。通过以下两个测试用例，测试人员实现了 100% 的（简单）条件覆盖（见表 5-21）。

表 5-21　伪代码的测试用例规格说明

测试用例 -ID	输 入		预 期 结 果	条 件		判 定
	a	b		a<20	b>20	a<20 and b>20
KOMP-335.1	30	1020	1020	假	真	假
KOMP-335.2	5	10	20	真	假	假

　　测试用例 KOMP-335.1 和 KOMP-335.2 使得条件 a<20 和 b>20 的结果各实现了一次真和一次假。然而，两个测试用例都只获得了判定结果中的一个，即为假的结果。因此，判定覆盖率仅为 50%。

　　如果不幸选择了上述测试数据，测试人员尽管达到了 100%（简单）条件覆盖率，但该测试仅包含判定结果的一部分值，即仅包含结果为假的部分，从而无法覆盖到所有的语句。

　　2）组合条件测试

　　组合条件测试侧重于原子条件与其各自条件结果的组合。当对每个条件结果组合测试时，也测试了每个判定的结果。该测试技术的目标是实现预定的组合条件覆盖。这里的覆盖率是实现的条件结果组合相对于条件结果可能组合总数的百分比。这种方法的缺点是测试用例的数目会随着原子条件个数的增多而呈指数级增长。

伪代码示例

　　示例伪代码包含两个条件 a<20 和 b>20，每个条件都有两个条件结果（真或假）。对于 100% 的组合条件覆盖，必须测试两个条件结果的所有组合。通过以下 4 个测试用例，测试人员可以实现 100% 的组合条件覆盖率（见表 5-22）。

表 5-22　伪代码的测试用例规格说明

测试用例 -ID	输 入		预 期 结 果	条 件		判 定
	a	b		a<20	b>20	a<20 and b>20
KOMP-335.1	30	1020	1020	假	真	假
KOMP-335.2	5	10	20	真	假	假
KOMP-335.3	30	10	70	假	假	假
KOMP-335.4	5	1020	1020	真	真	真

　　测试用例 KOMP-335.1~KOMP-335.4 使得条件 a<20 和 b>20 的结果在任何可能的组合中都出现了真和假。这也导致两个判定结果，即真和假都包含在内。因此，在本示例中的组合条件覆盖率以及判定和语句覆盖率均为 100%。

　　通过 100% 的组合条件覆盖，测试人员可以自动实现如下的覆盖。

　　（1）100%（简单）条件覆盖率。

（2）100% 判定覆盖率。

（3）100% 语句覆盖率。

3）修正条件 / 判定覆盖测试（MC/DC）

修正条件 / 判定覆盖测试类似于上述组合条件测试。然而，修正条件 / 判定覆盖测试技术只考虑特定条件结果的组合，其中单个条件结果的变化会影响判定结果，即独立于其他条件结果。

其测试技术的目标是实现预定的修正条件 / 判定覆盖率。要实现 100% 的修正条件 / 判定覆盖率，必须满足以下要求。

（1）所有判定结果至少达到一次。这相当于 100% 的判定覆盖率。

（2）所有条件结果至少达到一次。这相当于 100%（简单）条件覆盖率。

（3）此外，所有条件结果都必须独立于其他条件结果来改变判定结果。

该覆盖率表示实现的条件结果组合相对于 100% 修正条件 / 判定覆盖要求的条件结果的组合总数的百分比。

伪代码示例

对于 100% 的修正条件 / 判定覆盖率，测试人员必须执行三个测试用例 KOMP-335.1、KOMP-335.2 和 KOMP-335.4（在表 5-23 中以黑色列出），以满足所有上述条件。此外，表 5-23 还显示了对单个条件的更改将如何影响判定。只有当条件变化导致判定发生变化时，测试用例才有助于增加 MC/DC 覆盖率。

表 5-23　伪代码的测试用例规格说明

测试用例 -ID	输入		预期结果	条件		判定
	a	b		a<20	b>20	a<20 and b>20
KOMP-335.1	30	1020	1020	假	真	假
				真	真	真
				假	假	假
KOMP-335.2	5	10	20	真	假	假
				真	真	真
				假	假	假
KOMP-335.3	30	10	70	假	假	假
				假	真	假
				真	假	假
KOMP-335.4	5	1020	1020	真	真	真
				假	真	假
				真	假	假

测试用例 KOMP-335.1

在这个测试用例中，判定结果为假。同时，这是唯一一个条件 a<20 的结果从假变为真从而导致判定结果从假变为真的测试用例。

> **测试用例 KOMP-335.2**
>
> 在这个测试用例中，判定结果为假。同时，这是唯一一个条件 b>20 的结果从假变为真才会导致判定结果从假变为真的测试用例。
>
> **测试用例 KOMP-335.3**
>
> 在这个测试用例中，判定结果为假。然而，无论是条件 a<20 的结果从假变为真，还是条件 b>20 的结果从假变为真，都不会导致判定结果从假变成真。任何一个条件中的错误都会被另一个条件的逻辑所掩盖。
>
> **测试用例 KOMP-335.4**
>
> 这是唯一一个判定结果为真的测试用例。

5.3.4 测试执行中的测试技术

到目前为止描述的测试技术都是与测试设计相关的技术，因此也称为测试设计技术。相比之下，以下测试技术主要用于测试执行的范畴中。本节将重点介绍 ISO 26262 推荐的背靠背测试和故障注入测试。

1. 背靠背测试

背靠背测试（Back-to-Back Test）这个隐喻性的名称比喻得非常贴切，在这种方法中，测试人员对两个（或多个）测试对象执行相同的测试用例，并比较其结果。因此，背靠背测试也称为比较测试。

如果结果相同，或者在事先定义的标准的框架内足够相似，则测试标记为通过。如果结果有偏差，则应分析和查找所发现的偏差原因。测试对象必须基于内容相同的需求，只有这样，才能对结果进行有意义的比较。尽管需求可以作为测试依据用于测试设计，但背靠背测试不能替代基于需求的测试。相反，背靠背测试应该能揭示测试对象之间意外（非预期）的偏差。通常，其中一个测试对象（如功能模型或旧系统）会作为测试的参考标准，即预期结果的参照物。

不存在标准的背靠背测试。如果进行深入研究会发现，这种测试技术存在许多的变体。在实践中，以下形式的背靠背测试最为常见。

1）不同软件版本的背靠背测试

这是背靠背测试中最简单的情况。测试对象是同一软件的不同版本（例如，当前版本与先前版本）。该测试应检查软件新版本是否显示出与先前版本之间的意外偏差（例如，在修复缺陷后）。在这种情况下，测试对象的早期版本充当回归测试的测试结果参照物。

2）功能模型与程序代码的背靠背测试

这可能是背靠背测试中最广为人知的变体。在基于模型的软件开发中，它用于将开发的（可执行的）模型（如 MATLAB/Simulink 或 ASCET）与从模型中导出的程序代码进行比较（见图 5-7）。虽然模型可以在理想的系统条件下开发和执行，但程序代码由于实现（尤其是在使用代码生成器时）和运行时环境的原因，可能会导致与预期行为的意外偏差。

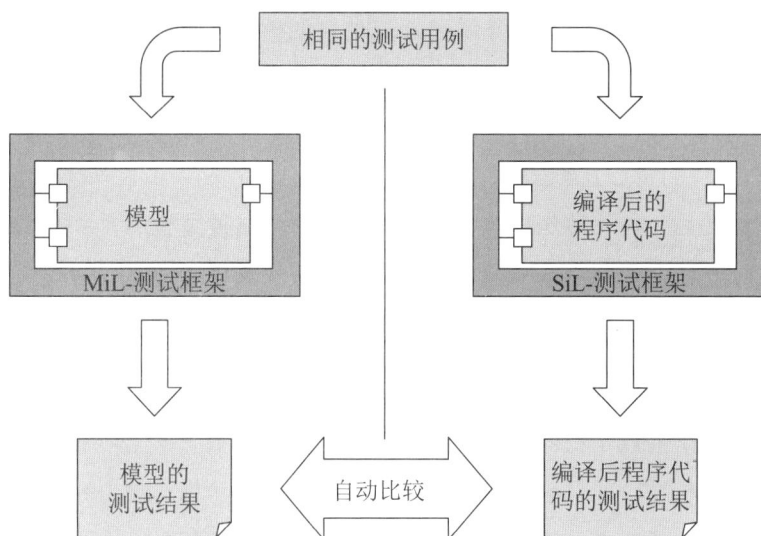

图 5-7　背靠背测试的结构示意图

示例　巡航系统

在巡航系统的模型开发中，针对速度调节器使用了函数来计算对数：

$$y = \log_{10} x$$

建模工具在执行模型时使用几乎完美的近似公式。调节器的模型在调节对象上呈现预期的行为后，开发人员诶利卡开始手动将模型转换为程序代码。由于该公式的计算非常耗时，出于性能原因，她使用了一个包含 100 个相应对数值的表格。此表格仅包含函数相关的值域范围 [0.50；1.50]，分辨率为 0.01 的函数值表（x=[0.50；1.50]）。图 5-8 展示了 x=[0.9；1.10] 值域范围内模型的理想对数以及表中对应的相关值。

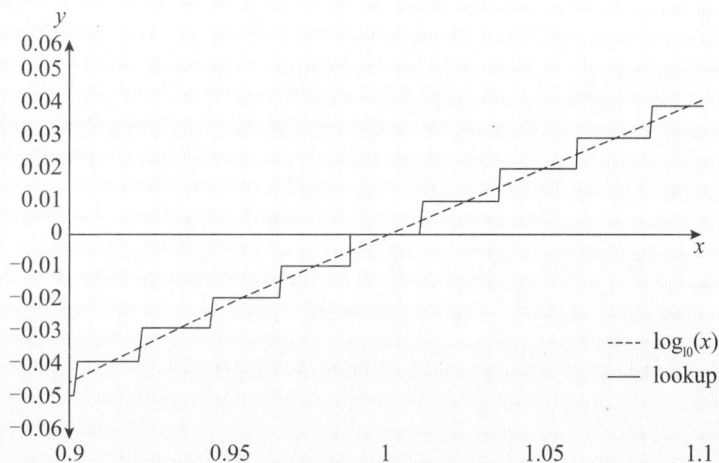

图 5-8　对数特性曲线

图表中清楚地显示了离散值和实际值之间的偏差。由于预期的量化误差，计划进行背靠背测试。在这种情况下，测试人员将可执行模型（MiL 测试）的结果与编译后的软件（SiL 测试[①]）结果进行比较，测试是通过相同场景下使用相同的环境模型用于控制回路来实现的（请参见 4.2 节中的闭环测试系统和模型在环以及软件在环（MiL/SiL））。

3）系统与软件的背靠背测试

背靠背测试的另一种变体是在软件集成中使用的。这种类型的背靠背测试允许测试人员将集成在目标硬件上的软件（系统测试）的行为与开发环境中运行的相同软件的行为进行比较（软件测试）。例如，这种测试可以帮助识别如目标硬件对软件行为的影响。

2. 故障注入测试

软件测试的一个重点是稳健性测试。稳健性是组件或系统在无效输入或极端环境条件下还能正确工作的程度。虽然极端环境条件通常与系统的非规范使用有关，但也有可能由于以下原因而导致无效输入。

（1）外部组件的缺陷。例如，如果测试对象由于传感器故障而接收到不合理的信息。

（2）接口的缺陷。例如，由于线路的缺损导致测试对象根本无法接收到信息，或只能接收错误的信息。

（3）处理单元本身的缺陷。例如，如果测试对象由于内存中的数据值损坏而表现出非期望的意外行为。

诸如错误处理之类的编程技术旨在确保系统面对内部和外部缺陷做出稳健和安全的反应。为了测试所实现的错误检测和错误处理措施的功能正确性，测试人员有针对性地将故障注入系统，即所谓的故障注入（Fault Injection）。其目的是模拟系统在实际运行中可能出现的错误。故障注入可以分为两种类型：基于硬件的故障注入和基于软件的故障注入。

在基于硬件的故障注入法中，测试人员使用一个真实的组件来模拟错误功能，即故障注入单元（Fault Injection Unit，FIU）。通过这种方法，可以模拟典型的电气故障，如短路或断路。图 5-9 示意性地显示了这样一个故障注入单元：从测试环境到测试对象（ECU）的通道 1 可以通过上部开关断开。通过拨动开关可以产生短路和断线。在图中，短路设置为接地（GND）。

在基于软件的故障注入中，测试人员可以有效地模拟功能性错误和与软件相关的接口错误。基于硬件的故障注入仅限于 HiL 测试环境，但测试人员可以在所有相关测试环境（MiL、SiL、PiL 和 HiL）中使用这种基于软件的故障注入。

---

① 在具体示例中，编译后的软件在 SiL 测试环境中进行了测试，根据应用也可以在 HiL 测试环境中。

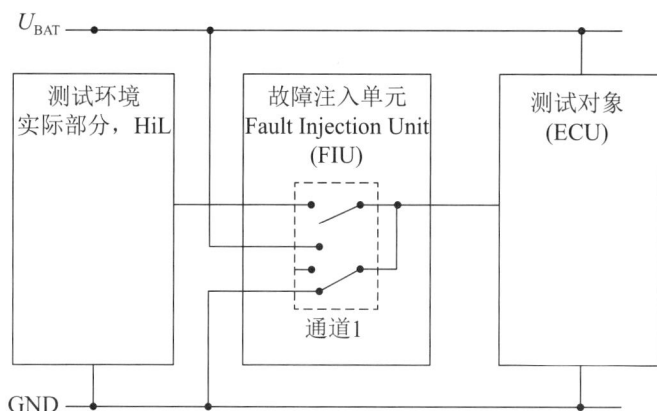

图 5-9 测试环境中的故障注入单元示例

测试人员可以在普通的软件测试环境中模拟外部错误（也包括接口错误），在这种情况下，不需要对系统的软件进行任何更改。然而，如果要在软件内部本身注入错误，通常只能在开发环境中，如通过调试器（Debugger）或 XCP。这通常还需要一个专门的软件版本。在实践中，此类测试的测试准备和测试执行往往既费工夫又耗时。

5.4 比较和选择

选择合适的测试方法和测试技术依赖于诸多影响因素。这意味着为了达到测试目的，可以使用不同的测试方法或测试技术进行组合，但每种组合的效果可能不同。遗憾的是，这里没有一个普遍规则，例如，"如果满足标准 X，则采用 Y 测试技术。"然而，下面描述的准则有助于帮助选择合适的方法。

1. 测试级别

每个测试级别都有特定级别的测试目的。例如，如果系统测试的目的是根据客户需求给出发布建议，那么基于需求的测试方法是合适的。

一些测试技术也对测试对象提出了要求。例如，基于结构的测试对代码覆盖率的评估，其最简单的方法是在组件测试中插入用于测量的代码。另外，要求只能在可以观察到其指定结果的测试级别对其进行评估。

2. 测试类型

测试类型评估测试对象的具体特性。这些特性可以是质量特性（如接口的性能效率）、结构特性（如代码中的语句）和与变更相关的特性（如系统的回归）。

对于功能测试的测试类型，几乎可以使用任何动态测试的测试技术来设计所需的测试用例。然而，并非每种测试类型都能以相同的程度与每种测试技术结合。代码的维护性在很大程度上取决于其可理解性和复杂程度，两者都只能通过静态测试技术进行评估。例如，独立开发人员可以评估源代码的可理解性。然而，合适编译器的静态分析则可以提供复杂度的度量。

3. 测试依据

作为测试人员的测试依据可以是规格说明、结构信息、风险、模型和经验等。测试依据为测试人员提供了测试活动所需的信息。如果测试人员无法使用某种形式的测试依据，则特定的测试方法或测试技术可能就不适用。因此，基于需求的测试方法需要（特定）需求的存在。而基于经验的测试方法则要求测试人员具备足够的经验。

在选择测试技术时同样如此：如果参数值域范围具有等效结果，则构建等价类是有意义的。然而，如果等价类的值不能以线性有序的形式（例如，在无序的景点列表中）排列，则进行边界值分析就没有价值了。

4. 测试活动

测试包括管理、测试准备和测试执行。测试方法通常涉及多个测试活动（见 5.1 节）。一方面，测试技术往往只用于解决单个测试任务。所有基于规格说明、基于结构和基于经验的测试技术都属于测试设计技术的子集。这些技术支持测试人员进行测试设计。另一方面，测试人员可以借助故障注入的测试技术进行稳健性测试。

5. 风险

特别是在基于风险测试的测试方法中，测试人员需要提出问题，即测试方法或测试技术是否适合以降低已识别的项目风险或产品风险。例如，如果测试人员存在缺乏经验的风险，那么基于经验的测试方法是不合适的。如果一个系统在某极限情况下（例如在零下40℃）的风险较低，因为系统很少会在该极限情况下运行（发生的概率较低），并且在此极限情况下由于未检测到缺陷而造成的损失也是在可接受范围（损失程度），则可以省略在该极限情况下对系统的测试。

6. 技术现状/现有技术水平

如果因为失效造成交通事故，给行人或其他人员带来伤害或财产损失，他们可以通过产品责任追究制造商（OEM）的责任。然而，根据《产品责任法》，如果在投入使用时根据当时科学和技术现状无法检测到此错误，则不应追究制造商的责任。这也给软件测试人员提出了一个问题：测试人员是否至少使用了在当时代表当前科学和技术水平的最先进的测试方法和测试技术？他们是否在当时能发现造成损失的错误？

在软件测试中，科学上的新进展（即科学水平）相对较少，因此，问题仍然是当前的技术水平。立法者将"技术水平"理解为那些被行业内领军专家普遍认为能够可靠地实现预定目标的技术。这些技术必须已经在实践中得到验证，如果还没有，则应尽可能地在实际操作中得到成功测试。测试人员可以在 ISO 29119 和 ISO 26262 等标准中找到符合当前技术水平的最先进的测试方法和测试技术合集。

ISO 29119 系列定义了软件测试的术语、过程、工作成果和测试技术，任何组织都可以在执行任何形式的软件测试时使用。ISO 29119 系列卷 4 定义了一系列可用于测试设计的测试设计技术。所有这些测试设计技术都代表了现有技术水平。这个标准系列并没有导出具体的法规或建议。在质量管理体系的背景下，有必要权衡考虑应使用哪些公认的技术。

相比之下，ISO 26262 系列根据 ASIL 推荐了测试方法和测试技术。有关该标准及其对软件测试的影响，请参见 3.2 节。

7. 经验和直觉

除了上述选择测试方法和测试技术的客观标准外，测试人员和测试经理的经验和直觉也不应被低估。正如开头所解释的，没有普遍适用的规则告诉人们，如何从上述标准中得出"正确"的测试方法或"正确"的测试技术。因此，测试人员或测试经理的直觉也可以应该影响决策，尤其是在方法冲突的情况下（如基于经验与基于需求的冲突）。

示例　巡航系统

测试经理托马斯和测试人员提姆计划对软件组件扭矩协调器进行组件测试。扭矩协调器根据巡航系统是否被激活，或根据驾驶员的期望来控制目标扭矩，并且它是一个功能非常简单的组件，只有若干输入信号。因此，与其他组件不同，该组件不基于可执行的 MATLAB/Simulink 模型。该组件的代码是根据需求手动开发的。

托马斯和提姆考虑的出发点是 ISO 26262 中推荐且经过托马斯和提姆商定（见 3.2.6 节中的示例）的组件测试技术（方法）。根据巡航系统的安全概念，扭矩协调器部件不考虑 ASIL 等级。因此，托马斯和提姆在选择合适的测试技术方面有更多的自由度。对该组件进行组件测试的目标是确保组件的功能正确（质量特性）。

托马斯和提姆参考了 5.4 节中的建议来选择适当的技术。根据他们的评估，他们首先决定设计用于需求分析（基于需求的测试方法）和判定测试（基于结构的测试方法）的测试用例。

表 5-24 显示了他们考虑的结果。

表 5-24　扭矩协调器部件测试技术的选择

| 测 试 技 术 | 对测试级别有意义 | 适用的测试类型 | 测试依据可用 | 适合的测试活动 | | 未执行带来的风险 | 技术现状 | | 选择 |
				分析 & 设计	实施 & 执行		ISO 26262	ISO 29119	
基于需求的测试	X	X	X	X		X	(X)	X	X
接口测试	X		X		X		(X)		
故障注入	X		X		X		(X)		
资源使用评估	X				X		(X)		

测 试 技 术	对测试级别有意义	适用的测试类型	测试依据可用	适合的测试活动		未执行带来的风险	技术现状		选择
				分析&设计	实施&执行		ISO 26262	ISO 29119	
背靠背测试	X	X			X		(X)		
需求分析	X	X	X	X		X	(X)	X	X
等价类划分	X	X		X			(X)	X	
边界值分析	X	X		X			(X)	X	
直觉的测试用例识别	X	X	X	X		X	(X)	X	
语句测试	X	(X)	X	X	X	X	(X)	X	
判定测试	X	(X)	X	X	X	X	(X)	X	
MC/DC 测试	X	(X)	X	X	X		(X)	X	

下文中解释了托马斯和提姆是如何做出决策的。

1. 测试级别

表 5-24 中列出的所有测试技术均取自 ISO 26262-6:2018[ISO 26262:2018，卷 6] 中关于软件单元验证的第 9 章，并明确建议用于组件测试。

2. 测试类型

托马斯和提姆的组件测试目的是组件功能的正确性。在这种情况下，基于需求的测试结合需求分析、等价类划分和边界值分析尤其适用。如果有可运行的模型，还可以通过背靠背测试来帮助确定在特定输入下的预期输出。

直觉测试用例生成是一种基于经验的测试技术，旨在检测过去频繁发生的错误。此技术可用于所有测试类型。

接口测试是集成测试和兼容性评估的重点。故障注入测试则更适合于评估稳健性，以及通过评估资源使用情况来评估性能效率。所有三种测试技术都用于评估非功能质量特性。

结构测试（如语句测试、判定测试、MC/DC 测试）是一种单独的测试类型，对于评估结构质量很有意义。然而，结构测试也可以揭示功能方面的情况。

3. 测试依据

爱迪森电子在 ALM 工具中管理 ULV 项目的需求（见附录 D）。外部信号和接口的规格说明可在与 OEM 共同的项目公共数据库中获得。然而，数据库中不包括纯粹内部接口（即软件组件之间的接口）的描述。由于需求的存在，很容易实现基于需求的测试。根据要求，故障注入至少在一定程度上是可能的。然而，提姆在进行接口测试时缺乏所需的信息。

软件组件扭矩协调器相对简单，因此没有可执行的模型。在这里提姆不能进行背靠背测试，即使在该测试级别上对项目中的其他组件进行了背靠背测试。

由于有可用的测试依据，所以需求分析是非常容易进行的。但是，扭矩协调器不处理具有值域范围的参数，由此生成等价类和边界值是没有太大意义的。提姆预计此类测试不会获得任何显著收益，因此，作为一名经验丰富的测试人员，他决定除了基于需求的测试之外，利用自己的经验来定义额外的测试用例（直觉测试用例设计）。

由于提姆拥有软件的源代码，他还可以设计基于结构的测试用例。

提姆已经同时与其他并行项目的同事取得了联系。这些同事们已经具备了使用类似技术的经验，并且知道哪些方面会经常导致软件出现问题。有了同事们的经验和直觉，很容易创建一个可能的错误列表，并以此作为基础进行测试设计。

4. 测试活动

ISO 26262 推荐的方法包括测试设计技术和后续的执行技术。因此，托马斯和提姆在他们的表格中将测试活动的分配划分为两列（分析和设计，实现和执行），以实现更好的分配。原则上，所有这些技术都非常适合分析和设计（如需求分析）或实现和执行（如背靠背测试）。

5. 风险

需求分析是基于需求的测试方法中的一个基本测试设计技术，如忽略了它们则意味着会有很大的风险，会在软件组件中发现不了违反需求的缺陷。

接口（$M_{soll,T}$；T_{aktiv}；M_{soll}）并没有显示出很大的复杂性——无论是其相互依赖关系，还是其值域。提姆认为，由于省略了接口测试和故障注入测试，以及没有考虑等价类和边界值覆盖而导致未检测到缺陷的风险较低。

开发人员诶利卡用 C 语言手动编写了代码。由于所用的编译器已经使用了很久，提姆认为工具链出错的风险也相对较低。他认为在这种情况下使用背靠背测试所能带来的收益不大。

由于对组件的要求，提姆估计不会出现大量的内存访问或因计算密集型算法导致 CPU 高负载情况。他还将由此产生故障的风险评估为很低。

由于诶利卡是用 C 语言编写代码的，所以他怀疑存在额外的程序语句。罗尔夫没有具体说明，但它们可能是用来处理运行时错误的。未经测试的语句和判定在任何情况下都不得使用。由于判定规则相当简单，诶利卡认为判定测试已经足够，并且省略 MC/DC 测试的风险较小。

由于组件的需求规格说明非常粗略，托马斯担心测试人员可能会通过纯粹的分析型测试技术而忽略可能的错误。几年前，他在一个类似的项目中遇到了完全相同的情况。出于这个原因，他认为测试中也必须依赖测试人员的经验和直觉。

6. 技术现状

ULV 项目采用了 2018 年版本的 ISO 26262，该标准代表了功能安全领域的技术现状。列表中所提的所有技术都被 ISO 26262 推荐或强烈推荐用于组件测试。然而，扭矩调节器不需要按 ASIL 来开发。

大部分列出的测试技术在 ISO 29119 中都有说明，该标准也定义了这些技术的具体应用。其他测试技术，如背靠背测试，主要是测试执行技术。目前不在 ISO 29119 的考量范围内。然而，这并不意味着它们不符合现有技术水平（技术现状）。

7. 经验和直觉

托马斯和提姆在类似项目中有多年的项目经验。他们以分析性的方式进行选择，并最初计划将需求分析和判定测试相结合。他们重新审视了表 5-24 中的结果：由于组件的需求规格说明非常粗略，他们感觉如果只依赖这些分析方法会有风险。因此，他们还是决定利用提姆和其他同事的经验来进行基于直觉的测试用例设计。

附录 A   ISO 26262

A.1   各卷汇总

本附录更详细地描述了 ISO 26262 的各卷，以更好地全面了解该标准。在此还对 2011 年版的 ISO 26262 和 2018 年版的 ISO 26262 进行了比较，特别强调了各卷与测试相关的内容。

由于许多正在进行的项目中仍还在使用 ISO 26262:2011，以下的摘要也主要基于此版本。ISO 26262:2018 的更改或补充在末尾注明，卷 11 和卷 12 仅在 ISO 26262:2018 中存在。

卷1 - 术语

本卷阐述了标准中使用的最重要的专业术语。这些术语中包括与测试相关的术语，如分支覆盖或语句覆盖。术语的定义（通常为两三行）有助于理解其他各卷的内容。

> **ISO 26262:2018 注释**
>
> 在 ISO 26262:2018 中，专业术语列表比 2011 年版本稍长，个别定义也进行了完善。

卷2 - 功能安全管理

本卷主要介绍安全经理的任务。例如，其中包括规划所有与安全相关的活动，针对特定项目选择必要的安全活动（量身定制），以及为项目创建或文档化安全案例（Safety Case）。此外，本卷还为要编制的功能安全义档制定了指导方针，例如，关于评审机构的独立性（独立程度）。

ISO 26262:2018 注释

在 ISO 26262:2018 中，这一卷变得更加详尽。该版本更详细地介绍了各方面，例如，功能安全方面的安全异常管理或使用现有的安全元素。最初仅在卷 3 中涉及的初始影响分析现在被纳入本卷的一个单独章节中。此外，还新增了关于功能安全和 IT 信息安全（网络安全）之间可能相互作用的附录。

卷3 - 概念阶段

本卷描述了项目在概念阶段（即实际产品开发开始之前）的必要活动。它解释了如何在危害分析和风险评估（G&R）的背景下识别相关危害，以及如何以汽车安全完整性等级（ASIL）的形式确定其关键性及安全目标。最后，描述了如何从这些分析中导出功能安全概念和功能安全需求。

ISO 26262:2018 注释

ISO 26262:2018 省略了关于安全生存周期启动的章节，其中描述了安全活动的影响分析和定制等内容。这些内容现在可以在卷 2 中找到（见上文）。此外，在卡车和公共汽车的开发中，增加该标准的个别应用。

卷4 - 产品开发：系统层面

ISO 26262 对产品开发的需求分为三卷：卷 4 描述了（整体）系统层面的要求，卷 5 和卷 6 涵盖了软硬件开发的具体方面。

卷 4 从项目和安全相关活动的规划开始，接着讲述了技术安全需求的规格说明和系统设计的开发，直至集成和测试。随后，对开发项目的安全目标的确认和对待开发产品功能安全的评估实施进行了解释。最后是产品的量产发布。从测试人员的角度来看，本卷的重点在于集成和测试的说明。在该卷中，测试人员将找到合适的方法来证明各个集成级别（软硬件集成、系统集成、整车集成）中接口或安全机制的正确实施。

ISO 26262:2018 注释

在 ISO 26262:2018 中，与 2011 年版本相比，本卷的结构发生了显著变化。关于技术安全需求和系统设计的章节被合并为一个共同的章节，并进行了大幅修订。与测试相关的章节也有一些变化。例如，用于在系统和车辆层面证明安全机制功能正确性的方法表得到了扩展（新表 10 和表 14）。反之，本卷也省略了有关诊断覆盖率和故障覆盖率表格。最后关于功能安全评估和生产发布的最后几章被移至卷 2。

卷5 - 产品开发：硬件层面

与卷 4 类似，本卷首先涉及安全活动的规划、（与硬件相关的）安全需求的规格说明及硬件设计。然而，本卷的重点是硬件架构指标和随机硬件错误。其中关于硬件集成和测试的章节对测试人员来说特别重要。这里列出了导出硬件集成测试用例的方法。本卷的一个特点是，ISO 26262 在它的方法表中明确建议采用其他标准（例如 ISO 16750[ISO 16750] 或 ISO 11452[ISO 11452]），在这些标准中描述了适当的测试方法。

ISO 26262:2018 注释

在 ISO 26262:2018 中，有关硬件指标的规定发生了变化，主要是为了方便遗留系统（Legacy System）的使用。附录中现在包含的应用示例比以前更多。

卷6 - 产品开发：软件层面

本卷的结构与卷 4 和卷 5 类似。首先，涵盖了安全活动的规划和（与软件相关的）安全需求的规格说明。然后，本卷描述了该标准在软件架构和软件设计的开发和文档方面的要求。在本卷的最后章节包含测试相关的软件组件测试（软件单元测试）、软件集成测试（软件集成和测试）和软件安全需求的验证等内容。

ISO 26262:2018 注释

本卷在 ISO 26262:2018 中进行了大量修订。除了关于软件架构的章节外，特别是与测试相关的章节也进行了重新排列和扩充。这些章节现在更一般地涉及验证（而不仅是测试）。因此，表中增加了静态测试技术和验证方法，如走查或结对编程（新表 7 和表 10）。原有章节中关于软件安全需求验证的内容已改为关于测试嵌入式软件的内容。除了选择正确的测试环境（如 HiL）外，针对嵌入式软件测试，该章节现在还涉及选择导出测试用例的合适测试技术和方法。关于基于模型的开发的附录 B 现在更加详细。此外，关于软件架构层面的安全分析（如依赖故障分析）应用增加了一个新的附录。

卷7 - 生产和运行、服务和报废

本卷涉及安全相关产品的生产需求。此外，还讨论了投放市场产品的运行、维护和生存周期结束时的最终报废。例如，该标准要求引入现场监督过程，以便及时记录客户运行中的安全相关事件，并能够采取适当的措施。

ISO 26262:2018 注释

在 ISO 26262:2018 中，这一卷保持得比较完整，类似于该标准的 2011 年版本，没有重大变化。生产计划和实际生产更好地得到了区分，并在单独的章节中进行处理。

卷8 - 支持过程

本卷总结了支持过程的要求（例如，文档、变更管理、工具鉴定与验收）。其中关于验证的章节对测试人员来说特别重要，因为前几卷经常在与验证主题相关的内容中提到本章。标准在这里总结了有关验证措施的规划、规格说明、实施和评估要求。此外，ISO 26262 在本卷中提供了，例如，如何处理异常 / 不规范情况的指导。

> **ISO 26262:2018 注释**
>
> ISO 26262:2018 针对卡车和公共汽车的开发增加了两个章节。标准在这里为处理未按照 ISO 26262 规范开发或使用的安全相关系统提供了指导。

卷9 - 以汽车安全完整性等级（ASIL）为导向和以安全为导向的分析

本卷详细描述了根据 ISO 26262 在开发过程中进行的各种面向安全的分析（例如故障树分析）。另一个核心主题是 ASIL 分解：在某些情况下，具有高 ASIL 的功能可以通过多个具有较低 ASIL 的独立子功能所替代。

> **ISO 26262:2018 注释**
>
> 在 ISO 26262:2018 中，本卷总体上略有修订。其中增加了用于分解和识别相关错误依赖关系的新附录。

卷10 - 指南

本卷包含使用该标准的指南和说明。所选主题通过具体示例进行了深化（例如使用证明论证或 ASIL 分解）。其中有一章详细介绍了随机硬件错误的分类。另一个主题是所谓的独立安全要素（Safety Element out of Context，SEooC），这指的是一个通用的、与安全相关的子系统，适用于不同的应用目的或不同的客户。

> **ISO 26262:2018 注释**
>
> 在 ISO 26262:2018 中，关于随机硬件错误分类的章节进行了大幅修订，现在内容更加详细。

卷11 - 半导体应用指南（仅限ISO 26262:2018）

本卷是内容非常广泛的新卷，涉及将本标准应用于具有半导体的安全相关系统的具体细节。前半部分是对硬件错误的一般介绍，详细的错误模型（也适用于存储器构件），半导体的基本错误率和错误依赖关系。此外，这里讨论了连锁失效（Cascading Failure，也称为级联失效）和共因失效（Common Cause Failure）之间的区别，在实践中对它们的区分往往很困难。

下半部分介绍了具体的应用案例和相关技术（存储器构件、A/D 模块、可编程逻辑器件、多核、传感器）。在这里，还可以找到数字组件和存储器模块中的安全机制示例。

卷12 - 摩托车的适用性（仅限ISO 26262:2018）

这本新卷介绍了解决摩托车开发的具体问题以区分与乘用车开发的差异，并对摩托车行业进行了补充。对于摩托车的风险评估，本卷介绍了摩托车安全完整性等级（MSIL），并解释了如何基于三个参数 E、S 和 C 确定其等级。此外，还有一个 MSIL 和 ASIL 映射表。由于其他卷中的方法表仅涉及 ASIL，读者需要查阅此卷，以便能够将这些表应用于摩托车开发中。

关于整车集成和测试的章节中还包含方法表 7~ 方法表 10，这些表取代了卷 4 中的表 15、表 16、表 17 和表 19。

A.2　与测试相关的方法表概述

与测试相关的方法表如表 A-1 所示。

表 A-1　与测试相关的方法表

章　节	主　题	在哪里可以找到	
		ISO 26262:2011	ISO 26262:2018
卷 2			
Safety management during the concept phase and the product development	执行机构独立性的确认措施（confirmation measures）和要求	表 1	表 1
卷 4			
Planning and specification of integration and testing（2011）Specification of integration and test strategy（2018）	为集成测试导出测试用例的方法（如需求分析）	表 4	表 3
Hardware/Software integration and testing	证明在软硬件层面正确实现技术安全需求的方法（例如，背靠背测试）	表 5	表 4
	证明在软硬件层面安全机制正确功能的方法（例如，性能测试）	表 6	表 5
	证明在软硬件层面内部和外部接口正确实现的方法（例如，接口测试）	表 7	表 6
	检查在软硬件层面测试安全机制诊断覆盖率有效性的方法（例如，故障注入）	表 8	表不存在
	检查软硬件层面安全机制有效性的方法（例如，故障注入）	表不存在	表 7
	证明软硬件层面稳健性的方法（例如，压力测试）	表 9	表 8

章　节	主　题	在哪里可以找到	
		ISO 26262：2011	ISO 26262：2018
System integration and testing	证明在系统层面功能和技术安全需求正确实现的方法（例如，背靠背测试）	表 10	表 9
	证明在系统层面安全机制功能正确的方法（例如，性能测试）	表 11	表 10
	证明在系统层面内部和外部接口正确实现的方法（例如，接口测试）	表 12	表 11
	检查系统层面安全机制故障覆盖率有效性的方法（例如，故障注入）	表 13	表不存在
	证明在系统层面稳健性（鲁棒性）的方法（例如，在环境条件下进行测试）	表 14	表 12
Vehicle integration and testing	证明在整车层面功能安全需求正确实现的方法（例如，基于需求的测试）	表 15	表 13
	证明在整车层面安全机制正确功能的方法（例如，在真实条件下的用户测试）	表 16	表 14
	证明在整车层面内部和外部接口正确实现的方法（例如，交互和通信测试）	表 17	表 15
	检查在整车层面安全机制故障覆盖有效性的方法（例如，故障注入）	表 18	表不存在
	证明在整车层面稳健性的方法（例如，耐久性测试）	表 19	表 16
卷 5			
Hardware integration and testing（2011）Hardware integration and verification（2018）	硬件集成测试的测试用例导出方法（例如，等价类和边界值分析）	表 10	表 10
	证明在硬件层面安全机制实现的完整性和正确性的方法（例如，故障注入）	表 11	表 11
	证明稳健性和压力测试的方法（例如，超限测试）	表 12	表 12
卷 6			
Software unit testing（2011）Software unit verification（2018）	软件单元测试方法（例如，基于需求的测试）	表 10	表不存在
	验证软件单元的方法（例如，审查）	表不存在	表 7
	软件单元测试的测试用例导出方法（例如，等价类分析）	表 11	表 8
	软件单元层面所推荐的结构度量（例如，MC/DC）	表 12	表 9
Software integration and testing（2011）Software integration and verification（2018）	软件集成测试方法（例如，模型和代码之间的背靠背测试）	表 13	表不存在
	验证软件集成的方法（例如，接口测试）	表不存在	表 10
	软件集成测试的测试用例导出方法（例如，等价类的推导和分析）	表 14	表 11
	软件架构层面所推荐的结构指标（例如，功能覆盖率）	表 15	表 12

章 节	主 题	在哪里可以找到	
		ISO 26262：2011	ISO 26262：2018
Verification of software safety requirements	用于验证软件安全需求的测试环境	表 16	表不存在
Testing of the embedded software	软件测试的测试环境	表不存在	表 13
	嵌入式软件测试方法	表不存在	表 14
	嵌入式软件测试用例的导出方法（例如，等价类的推导和分析）	表不存在	表 15

附录 B ASPICE

B.1 过程规格说明 SWE.6

ASPICE SWE.6 过程规格说明如图 B-1 所示。

过程 ID	SWE.6
过程名称	软件的合格性测试
目的	软件合格性测试过程的目的是确保对集成的软件经过测试，以证明其符合软件需求
结果	这一过程的成功实施可以获得如下结果。 1. 针对集成软件的测试，开发了软件合格性测试策略，其中包括回归测试策略，并与项目和发布计划保持一致； 2. 针对集成软件，依据软件合规性测试策略制定了软件合格性测试的规格说明，该规格说明可以证明与软件需求的一致性； 3. 从测试用例规格说明中选择测试用例用于软件合格性测试，选择主要根据软件合格性测试策略和发布计划； 4. 使用选定的测试对集成软件进行测试，并记录软件合格性测试的结果； 5. 建立软件需求与软件合格性测试规格说明（包括测试用例）之间及测试用例与测试结果之间的一致性和双向可追溯性； 6. 总结软件合格性测试的结果并传达给所有相关方

图 B-1　ASPICE SWE.6 过程规格说明

B.2 ASPICE 过程和 VDA 范围

ASPICE V3.1 的所有过程如下。过程按过程类别排序。对于每个过程类别，将显示过程 ID、过程名称及与 VDA 范围的关联。VDA 范围是 VDA 推荐作为评估对象的 ASPICE 过程的选择。表 B-1~ 表 B-3 概述了这些过程。有关各个过程的详细信息，请参阅 [VDA 2017]。

表 B-1 ～表 B-3 包含英文 ASPICE PAM 的原始名称。以下缩写用于各个过程组。

（1）ACQ——采购过程组。

（2）SPL——供应过程组。

（3）SYS——系统工程过程组。

（4）SWE——软件工程过程组。

（5）SUP——支持过程组。

（6）MAN——管理过程组。

（7）PIM——过程改进过程组。

（8）REU——复用过程组。

表 B-1　主要生存周期过程类别

过程 ID	过 程 名 称	VDA 范围
ACQ.3	Contract Agreement 合同协议	
ACQ.4	Supplier Monitoring 供应商监督	X
ACQ.11	Technical Requirements 技术需求	
ACQ.12	Legal and Administrative Requirements 法律和行政需求	
ACQ.13	Project Requirements 项目需求	
ACQ.14	Request for Proposals 征求提案	
ACQ.15	Supplier Qualification 供应商资质	
SPL.1	Supplier Tendering 供应商投标	
SPL.2	Product Release 产品发布	
SYS.1	Requirements Elicitation 需求收集	
SYS.2	System Requirements Analysis 系统需求分析	X
SYS.3	System Architectural Design 系统架构设计	X
SYS.4	System Integration and Integration Test 系统集成和集成测试	X
SYS.5	System Qualification Test 系统合格性测试	X
SWE.1	Software Requirements Analysis 软件需求分析	X

续表

过程 ID	过 程 名 称	VDA 范围
SWE.2	Software Architectural Design 软件架构设计	X
SWE.3	Software Detailed Design and Unit Construction 软件详细设计和单元构建	X
SWE.4	Software Unit Verification 软件单元验证	X
SWE.5	Software Integration and Integration Test 软件集成和集成测试	X
SWE.6	Software Qualification Test 软件合格性测试	X

表 B-2　支持生存周期过程类别

过程 ID	过 程 名 称	VDA 范围
SUP.1	Quality Assurance 质量保证	X
SUP.2	Verification 验证	
SUP.4	Joint Review 联合评审	
SUP.7	Documentation 文档	
SUP.8	Configuration Management 配置管理	X
SUP.9	Problem Resolution Management 问题解决管理	X
SUP.10	Change Request Management 变更请求管理	X

表 B-3　组织生存周期过程类别

过程 ID	过 程 名 称	VDA 范围
MAN.3	Project Management 项目管理	X
MAN.5	Risk Management 风险管理	
MAN.6	Measurement 测量	X
PIM.3	Process Improvement 过程改进	
REU.2	Reuse Program Management 重用程序管理	

B.3　通用实践和通用资源

以下是过程属性 PA 2.1、PA 2.2、PA 3.1 和 PA 3.2 的所有通用实践和通用资源。其中使用了 ASPICE 的英文术语。表 B-4~ 表 B-7 旨在对通用实践和通用资源进行概述。更多详细信息请参阅 [VDA 2017]。

表 B-4　PA 2.1 执行管理

ID	通 用 实 践
GP 2.1.1	Identify the objectives for the performance of the process. 确定执行过程的目的
GP 2.1.2	Plan the performance of the process to fulfill the identified objectives. 计划执行过程以实现确定的目的
GP 2.1.3	Monitor the performance of the process against the plans. 对照计划监督过程执行
GP 2.1.4	Adjust the performance of the process. 调整过程执行
GP 2.1.5	Define responsibilities and authorities for performing the process. 定义执行该过程的职责和权限
GP 2.1.6	Identify, prepare, and make available resources to perform the process according to plan. 识别、准备并提供资源，以便按计划执行过程
GP 2.1.7	Manage the interfaces between involved parties. 管理相关方之间的接口

通 用 资 源

- Human resources with identified objectives, responsibilities and authorities
  具有确定目的、职责和权限的人力资源
- Facilities and infrastructure resources
  设备和基础设施资源
- Project planning, management and control tools, including time and cost reporting
  项目规划、管理和控制工具，包括时间和成本报告
- Workflow management system
  工作流管理系统
- Email and/or other communication mechanisms
  电子邮件和其他通信机制
- Information and/or experience repository
  信息和 / 或经验库
- Problem and issues management mechanisms
  问题和重要议题管理机制

表 B-5　PA 2.2 工作产品（结果）管理

ID	通 用 实 践
GP 2.2.1	Define the requirements for the work products. 定义工作产品的需求
GP 2.2.2	Define the requirements for documentation and control of the work products. 定义工作产品的文档和控制的需求

ID	通 用 实 践
GP 2.2.3	Identify, document and control the work products. 识别、记录和控制工作产品
GP 2.2.4	Review and adjust work products to meet the defined requirements. 评审和调整工作产品，以满足定义的需求
通 用 资 源	

- Requirement management method/toolset
  需求管理方法 / 工具集
- Configuration management system
  配置管理系统
- Documentation elaboration and support tool
  文档编制和支持工具
- Document identification and control procedure
  文档识别和控制规程
- Work product review methods and experiences
  工作产品评审方法和经验
- Review management method/toolset
  评审管理方法 / 工具集
- Intranets, extranets and/or other communication mechanisms
  内网、外网和 / 或其他通信机制
- Problem and issue management mechanisms
  问题和重要议题管理机制

表 B-6 PA 3.1 过程定义

ID	通 用 实 践
GP 3.1.1	Define and maintain the standard process that will support the deployment of the defined process. 定义并维护用于支持所定义过程部署的标准过程
GP 3.1.2	Determine the sequence and interaction between processes so that they work as an integrated system of processes. 确定过程之间的顺序和相互作用，使其作为一个过程集成系统工作
GP 3.1.3	Identify the roles and competencies, responsibilities, and authorities for performing the standard process. 确定执行标准过程的角色和能力、职责和权限
GP 3.1.4	Identify the required infrastructure and work environment for performing the standard process. 确定执行标准过程所需的基础设施和工作环境
GP 3.1.5	Determine suitable methods and measures to monitor the effectiveness and suitability of the standard process. 确定合适的方法和措施，以监督标准过程的有效性和适用性
通 用 资 源	

- Process modeling methods/tools
  过程建模方法 / 工具
- Training material and courses
  培训资料和课程

通 用 资 源
• Resource management system 　资源管理系统
• Process infrastructure 　过程基础设施
• Audit and trend analysis tools 　审计和趋势分析工具
• Process monitoring method 　过程监督方法

表 B-7　PA 3.2 过程应用

ID	通 用 实 践
GP 3.2.1	Deploy a defined process that satisfies the context specific requirements of the use of the standard process. 部署一个已定义的过程，以满足使用标准过程的特定上下文要求
GP 3.2.2	Assign and communicate roles, responsibilities and authorities for performing the defined process. 分配和沟通执行已定义过程的角色、职责和权限
GP 3.2.3	Ensure necessary competencies for performing the defined process. 确保执行已定义过程所需的能力
GP 3.2.4	Provide resources and information to support the performance of the defined process. 提供资源和信息以支持所定义过程的执行
GP 3.2.5	Provide adequate process infrastructure to support the performance of the defined process. 提供足够的过程基础设施，以支持所定义过程的执行
GP 3.2.6	Collect and analyze data about performance of the process to demonstrate its suitability and effectiveness. 收集和分析有关过程执行数据，以证明其适用性和有效性

通用资源
• Feedback mechanisms（customer, staff, other stakeholders） 　反馈机制（客户、员工、其他利益相关方）
• Process repository 　过程库
• Resource management system 　资源管理系统
• Knowledge management system 　知识管理系统
• Problem and change management system 　问题和变更管理系统
• Working environment and infrastructure 　工作环境和基础设施
• Data collection analysis system 　数据收集分析系统
• Process assessment framework 　过程评估框架
• Audit/review system 　审计 / 评审系统

B.4　精细的 NPLF 量表

在 ISO 33020 标准化过程中，对 NPLF 量表进行了讨论。其中出现了希望能够更细致地展示项目中的小幅改进的需要。出于这个原因，开发了改进的 NPLF 量表，在此将部分实现（P）和大部分实现（L）再进行了细分（见表 B-8）。改进后的 NPLF 量表的应用是可选的。

表 B-8　精细的 NPLF 尺度

首字母缩略词	名　　称	百 分 比	解　　释
P-	Partially achieved- 部分实现 -	> 15% 且 ≤ 32.5%	有证据表明，在评估过程中，对定义过程属性采取了一种方法，并取得了一些成果。实现了过程，过程属性的许多方面具有不可预测性
P+	Partially achieved+ 部分实现 +	> 32.5% 且 ≤ 50%	有证据表明，在评估过程中，对定义过程属性采取了一种方法，并取得了一些成果。实现了过程，过程属性的某些方面具有不可预测性
L-	Largely achieved- 大部分实现 -	> 50% 且 ≤ 67.5%	有证据表明，在评估过程中，对定义过程属性采取了系统的方法，并取得了显著成果。在评估过程中，可能存在较多与此过程属性相关的弱点
L+	Largely achieved+ 大部分实现 +	> 67.5% 且 ≤ 85%	有证据表明，在评估过程中，对定义过程属性采取了系统的方法，并取得了显著成果。在评估过程中，可能存在与此过程属性相关的一些弱点

附录 C 测试级别的比较

表 C-1 比较了在 ISTQB® CTFL-AuT 课程大纲中的 ISTQB® 测试级别与 ISO 26262 和 ASPICE 的测试级别。

表 C-1 测试级别的比较

ISTQB®	ISO 26262	ASPICE
验收测试	安全性确认（4~9）①	没有对应内容
多系统测试②（系统的系统）	项集成和测试（4~18）③	系统合格性测试（SYS.5）
系统集成测试	没有对应内容	系统集成和集成测试（SYS.4）
系统测试	验证软件安全需求（6~11）软件集成和测试（6~10）	软件合格性测试（SWE.6）
集成测试	没有对应内容	软件集成和集成测试（SWE.5）
组件测试	软件单元测试（6~9）	软件组件（单元）验证（SWE.4）

① 安全确认仅涵盖 ISTQB® 验收测试的一部分。
② 测试多个异构分布式系统，即所谓的系统 [ISTQB® & GTB，2020]。
③ 项集成和测试包括三个子阶段：一个元素的硬件和软件的集成和测试，属于该项的所有元素的集成和测试，以及该项与整车中其他项的集成和测试。

附录 D 动力总成系统需求规格说明

动力总成系统（交付范围）为客户提供了几个可体验的功能（客户功能），其中之一是巡航系统功能。

D.1 巡航系统功能

在下文中为了简单，巡航系统功能仅被称为巡航系统，这里的速度指示始终指车速。表 D-1 为巡航系统的功能规格说明。

表 D-1 巡航系统的功能规格说明

需求 ID	需 求
TEMP-01	巡航系统应使驾驶员能够通过方向盘上的控制板激活巡航系统功能
TEMP-02	一旦客户激活巡航系统功能，巡航系统必须将期望（目标）速度（v_{wunsch}）设置为等于实际速度（v_{ist}）
TEMP-03	只要巡航系统功能启用，巡航系统必须允许驾驶员通过方向盘上的控制板以 1 km/h 的增量（精度）调整期望速度（v_{wunsch}）
TEMP-04	只要巡航系统功能被激活，巡航系统必须将实际速度（v_{ist}）调整到设定的期望速度（v_{wunsch}）
TEMP-05	巡航系统应使驾驶员能够通过方向盘控制板停用巡航系统功能
TEMP-06	一旦安全协调员提出要求，巡航系统必须能够禁用巡航系统功能
TEMP-07	当踩下加速踏板（油门）（>10%）时，巡航系统必须中断速度控制
TEMP-08	只要实际速度（v_{ist}）比期望速度（v_{wunsch}）高 5km/h，巡航系统就必须停用巡航系统功能
TEMP-09	一旦踩下制动踏板（刹车）（>10%），巡航系统必须停用巡航系统功能
TEMP-10	只要实际速度（v_{ist}）小于最小允许速度（v_{min}），巡航系统必须禁用巡航系统功能
TEMP-11	只要实际速度（v_{ist}）大于最大允许速度（v_{max}），巡航系统必须禁用巡航系统功能
TEMP-12	只要巡航系统功能被禁用，巡航系统就不能影响实际速度（v_{ist}）

需求 ID	需　求
TEMP-13	巡航系统不得通过制动系统或回收（能量回收）影响实际速度（v_{ist}）
TEMP-14	巡航系统可使车辆以最大 $a_{max.T}$ =4 m/s² 加速
TEMP-15	巡航系统必须能确定精确为 1km/h 的速度
TEMP-16	巡航系统应通过仪表盘（显示仪）中的信息向驾驶员指示控制状态（激活 / 非激活）

D.2　组件规格说明

组件是指系统行为所需的系统的所有元素，它可以是硬件、软件和逻辑（功能）组件。

1. 处理轮速

处理轮速的组件规格说明如表 D-2 所示。

表 D-2　处理轮速的组件规格说明

需求 ID	需　求
AR-01	处理轮速组件必须读取 4 个转速传感器（每个车轮一个转速传感器）的转速（$n_{ist,\ 1\cdots4}$）
AR-02	处理轮速组件必须根据转速（$n_{ist,\ 1\cdots4}$）确定实际速度（v_{ist}）
AR-03	处理轮速组件必须能提供确定的实际速度（v_{ist}）

2. 处理驾驶员期望

处理驾驶员期望的组件规格说明如表 D-3 所示。

表 D-3　处理驾驶员期望的组件规格说明

需求 ID	需　求
AF-01	处理驾驶员期望的组件必须能读取激活请求（$T_{on/off}$）
AF-02	处理驾驶员期望的组件必须能读取改变期望速度的请求（$v_{wunsch+/-}$）
AF-03	处理驾驶员期望的组件必须能读取实际速度（v_{ist}）
AF-04	处理驾驶员期望的组件必须能读取制动踏板（刹车）位置（$r.s_{brems}$）[0$\cdots$100 ≙ 0%$\cdots$100%]
AF-05	处理驾驶员期望的组件必须能读取加速踏板（油门）位置（$r.s_{fahr}$）[0$\cdots$100 ≙ 0%$\cdots$100%]
AF-06	处理驾驶员期望的组件必须能读取停用巡航系统的请求（T_{off}）
AF-07	只要满足激活条件 $B_{T,active}$:= （$T_{on/off}$ = ON and $r.s_{brems}$ < 10% and $r.s_{fahr}$ <10% and T_{off}=False and $v_{ist}\leqslant v_{soll}$+5km/h and $v_{ist}\geqslant v_{T,min}$ and $v_{ist}\leqslant v_{T,max}$）处理驾驶员期望的组件必须至少在 500 ms 内将巡航系统 T_{aktiv} 的状态设置为激活
AF-08	只要不满足激活条件 $B_{T,aktiv}$，处理驾驶员期望的组件必须将巡航系统的状态 T_{activ} 设置为非激活
AF-09	一旦激活请求（$T_{on/off}$）变为 ON，处理驾驶员期望的组件必须将目标速度（v_{soll}）设置为实际速度（v_{ist}）
AF-10	一旦期望速度（$v_{wunsch+/-}$）变为"加速"，且巡航系统（T_{aktiv}）=aktiv（激活）状态，则处理驾驶员期望的组件必须将目标速度（v_{soll}）增加 1 km/h（直至最高 v_{max}）
AF-11	一旦期望速度（$v_{wunsch+/-}$）变为"减速"，且巡航系统（T_{aktiv}）= aktiv（激活）状态，则处理驾驶员期望的组件必须将目标速度（v_{soll}）降低 1 km/h（直至最小 v_{min}）

需求 ID	需 求
AF-12	只要巡航系统（T_{aktiv}）= inaktiv（未激活），则处理驾驶员期望的组件必须提供目标速度（v_{soll}）=0 km/h
AF-13	处理驾驶员期望的组件必须提供目标速度（v_{soll}）
AF-14	处理驾驶员期望的组件必须提供巡航系统状态（T_{aktiv}）
AF-15	所有参数的数据类型均为整数型 Integer（INT），分辨率为 16 位
AF-16	所有参数的精度均为保留个位数

3. 巡航系统调节器

巡航系统调节器的组件规格说明如表 D-4 所示。

表 D-4　巡航系统调节器的组件规格说明

需求 ID	需 求
TR-01	巡航系统调节器组件必须能读取目标速度（v_{soll}）
TR-02	巡航系统调节器组件必须能读取实际速度（v_{ist}）
TR-03	巡航系统调节器组件必须能确定目标速度（v_{soll}）减去实际速度（v_{ist}）的控制偏差值（e_T）
TR-04	只要控制偏差值（e_T）为正（$v_{soll} \geq v_{ist}$），巡航系统调节器组件就必须要求获得扭矩（$M_{soll,T}$）
TR-05	只要控制偏差值（e_T）为负（$v_{soll} < v_{ist}$），巡航系统调节器组件就不允许请求扭矩（$M_{soll,T}$），即 $M_{soll,T} = 0$
TR-06	巡航系统调节器组件应限制扭矩要求（$M_{soll,T}$），使车辆加速度（$a_{ist} = v'_{ist}$）小于或等于最大加速度（$a_{max,T}$）
TR-07	巡航系统调节器组件必须能提供扭矩（$M_{soll,T}$）

4. 扭矩协调器

扭矩协调器组件协调多个系统（或组件）要求的扭矩。在此，只考虑巡航系统功能（或巡航系统调节器组件）的扭矩要求，如表 D-5 所示。

表 D-5　扭矩协调器的组件规格说明

需求 ID	需 求
MK-01	扭矩协调器组件必须能读取巡航系统的扭矩要求（$M_{soll,T}$）
MK-02	扭矩协调器组件必须能读取巡航系统状态（T_{aktiv}）
MK-03	只要巡航系统处于激活状态（T_{aktiv} = aktiv（激活）），扭矩协调器组件必须能将扭矩要求（M_{soll}）设置为等于巡航系统的扭矩要求（$M_{soll,T}$）
MK-04	扭矩协调器组件必须能提供要求的扭矩（M_{soll}）

5. 控制电力电子设备

控制电力电子设备的组件规格说明如表 D-6 所示。

表 D-6　控制电力电子设备的组件规格说明

需求 ID	需　　求
AL-01	电力电子设备控制组件必须能读取扭矩要求（M_{soll}）
AL-02	电力电子设备控制组件必须能读取传感特征曲线（$\tau/T = f(M_{\text{soll}})$）
AL-03	电力电子设备控制组件必须能根据扭矩要求（M_{soll}）和占空比特征曲线（$\tau/T = f(M_{\text{soll}})$）确定占空比（$\tau/T$）
AL-04	电力电子设备控制组件必须根据占空比（τ/T）生成三相 PWM 信号（PWM_{EM}）
AL-05	电力电子设备控制组件必须提供三相 PWM 信号（PWM_{EM}）

附录 E　本书内容与课程大纲的对应

表 E-1 显示了本书涵盖 CTFL-AuT 课程大纲各个部分的位置。这使得在准备考试过程中更容易在书中找到关于课程大纲具体学习目标的内容。

表 E-1　本书内容与课程大纲的对应表

	课 程 大 纲		本 书
1	简介	2	基础知识
1.1	项目目标的多样性和日益增长的产品复杂性带来的需求	2.1	测试原则
1.2	项目哪些方面会受到标准的影响	3	标准和规范
1.3	系统生存周期中的六个常规阶段	2.3	系统生存周期中的测试
1.4	测试工程师在发布过程中的贡献 / 参与	2.3	系统生存周期中的测试
2	E/E 系统测试标准	3	标准和规范
2.1	Automotive SPICE（ASPICE）	3.1	Automotive SPICE
2.1.1	ASPCIE 的设计和构造	3.1.1	构造和结构
2.1.2	标准的要求	3.1.2	测试要求
2.2	ISO 26262	3.2	ISO 26262
2.2.1	功能安全和安全文化	3.2.1	E/E 系统的功能安全
2.2.2	测试工程师融入安全生存周期	3.2.3	安全生存周期中的测试人员
2.2.3	ISO 26262 结构和与测试相关的部分	3.2.4	标准纲要
2.2.4	危害程度对测试范围的影响	3.2.5	汽车安全完整性等级（ASIL）的分级划定
2.2.5	CTFL® 内容在 ISO 26262 环境中的应用	3.2.6	测试方法的选择
2.3	AUTOSAR	3.3	AUTOSAR
2.3.1	AUTOSAR 的目标	3.3.1	目标
2.3.2	AUTOSAR 的总体结构	3.3.3	逻辑系统架构
		3.3.4	技术系统架构
		3.3.5	ECU 软件架构
		3.3.6	ECU 软件的生成

续表

课　程　大　纲		本　　书	
2.3.3	AUTOSAR 对测试工程师工作的影响	3.3.7	对测试的影响
2.4	比较	3.4	各标准比较
2.4.1	ASPICE 的目标和 ISO 26262 的目标	3.4.1	目标
2.4.2	测试级别比较	3.4.2	测试级别
3	在虚拟环境中进行测试	4	虚拟测试环境
3.1	测试环境概述	4.1	基础知识
3.1.1	在汽车软件开发过程中建立测试环境的动机	4.3	测试环境的选择和使用
3.1.2	测试环境的常规组件	4.1.2	测试框架
3.1.3	闭环系统与开环系统的区别	4.2	测试环境类型
3.1.4	电控单元的基本接口、数据库和通信协议	4.1.1	测试对象
3.2	在 XiL 测试环境中进行测试	4.2	测试环境类型
3.2.1	模型在环（MiL）	4.2.1	模型在环测试环境
3.2.2	软件在环（SiL）	4.2.2	软件在环测试环境
3.2.3	硬件在环（HiL）	4.2.3	硬件在环测试环境
3.2.4	XiL 测试环境的比较	4.3	测试环境的选择和使用
4	专门用于汽车行业的静态和动态测试技术	5	测试方法和技术
4.1	静态测试技术	5.2	静态测试技术
4.1.1	MISRA C:2012 规范	5.2.3	MISRA C 编程规范
4.1.2	需求评审的质量特性	5.2.2	评审技术
4.2	动态测试技术	5.3	动态测试技术
4.2.1	条件覆盖测试、条件组合覆盖测试、MC/DC 覆盖测试	5.3.3	基于结构的测试技术
4.2.2	背靠背测试	5.3.4	测试执行中的测试技术
4.2.3	故障注入测试	5.3.4	测试执行中的测试技术
4.2.4	基于需求的测试	5.1.1	基于需求的测试
4.2.5	根据环境选择测试技术	5.4	比较和选择

附录 F 缩写表

书中英文缩写见表 F-1。

表 F-1 缩写表

缩　　写	英文 / 德文	中　　文
ALM	Application Lifecycle Management	应用软件生存周期管理
ARXML	AUTOSAR XML	AUTOSAR XML
ASAM	Association for Standardization of Automation and Measuring Systems	自动化和测量系统标准化协会
ASIL	Automotive Safety Integrity Level	汽车安全完整性等级
ASPICE	Automotive SPICE	汽车 SPICE
AUTOSAR	Automotive Open System Architecture	汽车开放系统架构
BEC	Bavarian Electric Vehicle	巴伐利亚电动汽车
BOB	Breakout-Box	接线盒
BP	Basispraktik	基本实践
BSW	Basissoftware	基础软件
CAN	Controller Area Network	控制器局域网
CTFL	Certified Tester Foundation Level	基础级认证的测试员
CTFL-AuT	CTFL Automotive Software Tester	CTFL 汽车软件测试员
DIN	Deutsches Institut für Normung	德国标准化协会
DTC	Diagnostic Trouble Code	故障诊断码
E/E	Elektrisch bzw. elektronisch	电气和电子
ECU	Engine Control Unit	发动机控制单元
EE	Eddison Electronics	爱迪森电子
EM	Elektromotor	电机
FIU	Fault Injection Unit	故障注入单元
FMEA	Failure Mode and Effects Analysis	失效模式与影响分析

缩　　写	英文 / 德文	中　　文
FuSi	Funktionale Sicherheit	功能安全
G&R	Gefährdungsanalyse und Risikobewertung	危害分析和风险评估
GASQ	Global Association for Software Quality	全球软件质量协会
GTB	German Testing Board	德国测试协会
HiL	Hardware-in-the-Loop	硬件在环
HIS	Herstellerinitiative Software der deutschen Automobilhersteller	德国汽车制造商的软件制造商倡议
HSI	Hardware Software Interface	硬件软件接口
IAEA	International Atomic Energy Agency	国际原子能机构
ISO	International Organization for Standardization	国际标准化组织
ISTQB	International Software Testing Qualifications Board	国际软件测试资质认证委员会
LE	Leistungselektronik	电力电子设备
LIN	Local Interconnect Network	局域互联网
MBSE	Modellbasierte Softwareentwicklung	基于模型的软件开发
MBT	Modellbasiertes Testen	基于模型的测试
MC/DC	Modified Condition/Decision Coverage	修正条件 / 判定覆盖
MiL	Model-in-the-Loop	模型在环
MISRA	Motor Industry Software Reliability Association	汽车工业软件可靠性协会
MOST	Media Oriented Systems Transport	面向媒体的系统传输
MSIL	Motorcycle Safety Integrity Level	摩托车安全完整性等级
MTW	Modelltestwerkzeug	模型测试工具
OEM	Original Equipment Manufacturer	原始设备制造商
PA	Prozessattribut	过程属性
PAM	Prozessassessmentmodell	过程评估模型
PEP	Produktentstehungsprozess	产品开发过程
PiL	Processor-in-the-Loop	处理器在环
PLD	Programmable Logic Device	可编程逻辑器件
PRM	Prozessreferenzmodell	过程参考模型
RTE	Runtime Environment	运行时环境
SAE	Society of Automotive Engineers	汽车工程师协会
SiL	Software-in-the-Loop	软件在环
SOP	Start of Production	生产开始
SOTIF	Safety of the Intended Functionality	预期功能安全
SPICE	Software Process Improvement and Capability Determination	软件过程改进及能力评定
STW	Softwaretestwerkzeug	软件测试工具
UDS	Unified Diagnostic Services	统一诊断服务
ULV	Urban Lite Vehicle	城市轻型汽车
VDA	Verband der Automobilindustrie	汽车工业协会

缩　　写	英文 / 德文	中　　文
VFB	Virtual Functional Bus	虚拟功能总线
ViL	Vehicle-in-the-Loop	汽车在环
WP	Work Product	工作产品（工作成果）
XCP	Universal Measurement and Calibration Protocol	通用测量和校准协议
XML	Extensible Markup Language	可扩展标记语言

附录 G 文献目录

G.1 更多文献

本节总结了本书所涵盖主题的进一步文献参考资料。主题的顺序是基于书中出现的顺序。

1. 基础知识（CTFL）

本书需要 ISTQB® 基础级的基本知识 [ISTQB 2018]。关于教学内容的详细讨论，请参阅 [Spillner & Linz，2019]。ISO 29119 基础介绍可参考 [Daigl G，2016]。

2. Automotive SPICE（ASPICE）

关于 ASPICE 的一般介绍，请参阅 [Müller et al.，2016] 和 [Höhn et al.，2009]。ASPICE 能力等级 2 和 3 的要求已在 [Metz，2016] 中详细介绍。ASPICE V3.1 PAM 可在 [VDA，2017] 免费下载。

3. ISO 26262

关于 ISO 26262 在实践中使用的全面论述可以在 [Gebhardt et al.，2013] 和 [Ross，2014] 中找到。

4. AUTOSAR

所有与 AUTOSAR 标准相关的文件均可在 AUTOSAR 网站上免费获取。有关 AUTOSAR 的深入介绍，请参阅 [Kindel & Friedrich，2009]。

5. 虚拟测试环境

有关汽车特定测试及其测试环境的介绍，请参阅 [Baumann，2006]，如需深入了解必要的测试环境可看 [Sax，2008]。[Michailidis，2012] 提出了虚拟测试环境的概念，用于集成基于模型开发的 AUTOSAR 系统。

6. 测试方法和测试技术

ISO/IEC/IEEE 29119-4[ISO 29119] 提供了此处列出的大多数测试技术的正式描述。ISTQB® 基础级的基本测试技术的介绍可以在 [Spilliner & Linz，2019] 中找到。在 [Bath & McKay，2015] 和 [Spillner & Breymann，2016] 中可以了解到基于结构的测试并有具体示例。

G.2 引用

本节列出了本书中引用的来源。

[ASAM MCD-1 XCP] Association for Standardization of Automation and Measuring Systems（ASAM）: ASAM MCD-1 XCP; https://www.asam.net/standards/detail/mcd-1-xcp/.

[ASAM MCD-2 D] Association for Standardization of Automation and Measuring Systems（ASAM）: ASAM MCD-2 D; https://www.asam.net/standards/detail/mcd-2-d/.

[ASAM MCD-2 MC] Association for Standardization of Automation and Measuring Systems（ASAM）: ASAM MCD-2 MC; https://www.asam.net/standards/detail/mcd-2-mc/.

[ASAM MCD-2 NET] Association for Standardization of Automation and Measuring Systems（ASAM）: ASAM MCD-2 NET; https://www.asam.net/standards/detail/mcd-2-net/.

[AUTOSAR] AUTOSAR; https://www.autosar.org.

[AUTOSAR 2019a] AUTOSAR: AUTOSAR Classic Release R19-11, 2019; https://www.autosar.org.

[AUTOSAR 2019b] AUTOSAR: AUTOSAR Layered Software Architecture, 2019; https://www.autosar.org/fileadmin/user_upload/standards/classic/19-11/AUTOSAR_EXP_LayeredSoftwareArchitecture.pdf.

[AUTOSAR 2019c] AUTOSAR: AUTOSAR Project Objectives, 2019; https://www.autosar.

org/fileadmin/user_upload/standards/foundation/19-11/AUTOSAR_RS_ProjectObjectives.pdf.

[AUTOSAR 2019d] AUTOSAR: AUTOSAR XML Schema Production Rules, 2019; https://www.autosar.org/fileadmin/user_upload/standards/classic/19-11/AUTOSAR_TPS_XMLSchemaProductionRules.pdf.

[AUTOSAR Classic] AUTOSAR: AUTOSAR Classic Platform; https://www.autosar.org/standards/classic-platform/.

[AUTOSAR FAQ] AUTOSAR FAQ; https://www.autosar.org/faq/.

[AUTOSAR VFB] AUTOSAR: AUTOSAR Virtual Functional Bus; https://www.autosar.org/fileadmin/user_upload/standards/classic/19- 11/AUTOSAR_EXP_VFB.pdf.

[Bath & McKay, 2015] Bath G, McKay J. Test Analyst und Technical Test Analyst. dpunkt. verlag, Heidelberg, 2015.

[Baumann, 2006] Baumann G. Was verstehen wir unter Test? Abstraktions ebenen, Begriffe und Definitionen. 1. AutoTest, Stuttgart, 2006.

[Beizer, 1990] Beizer B. Software Testing Techniques. John Wiley & Sons, New York, 1990.

[Cox, 1991] Cox T C S. The structure of employee attitudes to safety – a European example. Bd. 5, 1991, pp. 93-106.

[Daigl & Glunz, 2016] Daigl M, Glunz R. ISO 29119 – Die Softwaretest Normen verstehen und anwenden. dpunkt.verlag, Heidelberg, 2016.

[DoD, 2012] Department of Defense（DoD）. MIL-STD 882E: DEPARTMENT OF DEFENSE STANDARD PRACTICE: SYSTEM SAFETY. U. S. o. A. Department of Defense, 2012.

[Doll, 2018] Doll N. VW beendet den Unikate-Wahnsinn, 07.12.2018; https://www.welt.de/wirtschaft/article185131950/VW-nimmt-seinen Kunden-die-grosse-Auswahl-weg.html.

[EU 2019] EU Parlament: »EUR-Lex«, Amtsblatt der Europäischen Union, L325, 16.12.2019; https://eur-lex.europa.eu/legalcontent/DE/TXT/?uri=OJ:L:2019:325:TOC; Zugriff am 20.04.2020.

[FAZ 2017] dpa: Treffen sich zwei A-Klasse-Fahrer: Gehen wir einen kippen?. Frankfurter Allgemeine Zeitung, 20.10.2017; https://www.faz.net/aktuell/wirtschaft/20-jahre-elchtest-der-a-klasse15255212.html; Zugriff am 02.05.2020.

[Gebhardt et al., 2013] Gebhardt V, Rieger G M, Mottok J, Gießelbach C. Funktionale Sicherheit nach ISO 26262 – Ein Praxisleitfaden zur Umsetzung. dpunkt.verlag, Heidelberg, 2013.

[Höhn et al., 2009] Höhn H, Sechser B, Dussa-Zieger K, Messnarz R, Hindel B. Software Engineering nach Automotive SPICE. dpunkt.verlag, Heidelberg, 2009.

[IEC 61508] International Electrotechnical Commission（IEC）: IEC 61508:2010 – Functional Safety of Electrical/Electronic/Programmable Electronic Safety-related Systems, I. 6. -. F. S. o. E. E. S. Systems, 2010.

[IEC 61511] International Electrotechnical Commission（IEC）: IEC 61511:2016 – Functional safety – Safety instrumented systems for the process industry sector, 2016.

[IEC 62061] International Electrotechnical Commission（IEC）: IEC 62061:2005 – Safety of machinery – Functional safety of safetyrelated electrical, electronic and programmable electronic control systems, 2005.

[INSAG 1986] International Nuclear Safety Advisory Group（INSAG）: Summary Report on the Post-Accident Review Meeting on the Chernobyl Accident. Safety Series No.75-INSAG-l, International Atomic Energy Agency, Wien, 1986.

[INSAG 1991] International Nuclear Safety Advisory Group（INSAG）: Safety Culture – A report by the international nuclear safety advisory group. Safety Series No.75-INSAG-4, International Atomic Energy Agency, Wien, 1991.

[ISO 9000] International Organization for Standardization（ISO）; Europäischen

Normen（EN）；Deutsches Institut für Normung e.V.（DIN）：DIN/EN/ISO 9000:2015 Qualitätsmanagementsysteme – Grundlagen und Begriffe, 2015.

[ISO 9001] International Organization for Standardization（ISO）：ISO 9001:2015 Quality management systems – Requirements, I. O. f. S.（ISO）, Genf, 2015.

[ISO 9899] International Organization for Standardization（ISO）；International Electrotechnical Commission（IEC）：ISO/IEC 9899:2018 Information technology – Programming languages – C, 2018.

[ISO 11452] International Organization for Standardization（ISO）：ISO 11452:2019 Road vehicles – Component test methods for electrical disturbances from narrowband radiated electromagnetic energy, I. O. f. S.（ISO）, Genf, 2019.

[ISO 11898] International Organization for Standardization（ISO）：ISO 11898:2015 Road vehicles – Controller area network（CAN）, 2015.

[ISO 12207] International Organization for Standardization（ISO）；International Electrotechnical Commission（IEC）：ISO/IEC 12207:2008 Systems and software engineering – Software life cycle processes, 01.02.2008.

[ISO 14229] International Organization for Standardization（ISO）：ISO 14229:2020 Road vehicles – Unified diagnostic services（UDS）, 2020.

[ISO 15288] International Organization for Standardization（ISO）；International Electrotechnical Commission（IEC）；Institute of Electrical and Electronics Engineers（IEEE）：ISO/IEC/IEEE 15288:2015 Systems and software engineering – System life cycle processes, 15.05.2015.

[ISO 15504] International Organization for Standardization（ISO）；International Electrotechnical Commission（IEC）：ISO/IEC 15504:2012 Information technology – Process assessment, 2012.

[ISO 16750] International Organization for Standardization（ISO）：ISO 16750:2018 Road vehicles – Environmental conditions and electrical testing for electrical and electronic equipment,

I. O. f. S.（ISO），Genf, 2018.

[ISO 17987] International Organization for Standardization（ISO）: ISO 17987:2016 Road vehicles – Local interconnect network（LIN），2016.

[ISO 21434] International Organization for Standardization（ISO）; Society of Automotive Engineers（SAE）: ISO/SAE DIS 21434:2020 – Road vehicles – Cybersecurity engineering, 2020.

[ISO 21448] International Organization for Standardization（ISO）: ISO/PAS 21448:2019 Road vehicles – Safety of the intended functionality, I. O. f. S.（ISO），Genf, 2019.

[ISO 24748] International Organization for Standardization（ISO）; International Electrotechnical Commission（IEC）: ISO/IEC/IEEE 24748- 1:2018 Systems and software engineering – Life cycle management – Part 1: Guidelines for life cycle management, 2018.

[ISO 25010] International Organization for Standardization（ISO）; International Electrotechnical Commission（IEC）: ISO/IEC 25010:2011 Systems and software engineering — Systems and software Quality Requirements and Evaluation（SQuaRE）— System and software quality models, 2011.

[ISO 26262:2011] International Organization for Standardization（ISO）: ISO 26262:2011 – Road vehicles – Functional safety, I. O. f. S.（ISO），Genf, 2011.

[ISO 26262:2018] International Organization for Standardization（ISO）: ISO 26262:2018 Road vehicles – Functional safety, I. O. f. S.（ISO），Genf, 2018.
ISO 26262-2:2018 – Part 2: Management of functional safety.
ISO 26262-3:2018 – Part 3: Concept phase.
ISO 26262-4:2018 – Part 4: Product development at the system level.
ISO 26262-6:2018 – Part 6: Product development at the software level.

[ISO 29119] International Organization for Standardization（ISO）; International Electrotechnical Commission（IEC）; Institute of Electrical and Electronics Engineers（IEEE）: ISO/IEC/IEEE 29119 Software and systems engineering – Software testing, 2013/2015.
ISO 29119-1:2013 – Part 1: Concepts and definitions.

ISO 29119-3:2013 – Part 3: Test documentation.

ISO 29119-4:2015 – Part 4: Test techniques.

[ISO 29148] International Organization for Standardization（ISO）; International Electrotechnical Commission（IEC）; Institute of Electrical and Electronics Engineers（IEEE）: ISO/IEC/IEEE 29148:2011 – Systems and software engineering – Life cycle processes – Requirements engineering, 12.01.2011.

[ISO 33020] International Organization for Standardization（ISO）; International Electrotechnical Commission（IEC）: ISO/IEC 33020:2015 Informationstechnik – Prozessbewertung – Rahmenwerk für Prozessmessungen zur Beurteilung der Prozessfähigkeit, 2015.

[ISTQB 2018] International Software Testing Qualifications Board（ISTQB）: Lehrplan Certified Tester Foundation Level, Austrian Testing Board, German Testing Board e.V. & Swiss Testing Board, V3.1D, 2018.

[ISTQB 2020] International Software Testing Qualifications Board（ISTQB）: Lehrplan CTFL Automotive Software Tester（CTFL® AuT）, V2.0.2, 2020.

[ISTQB & GTB 2020] International Software Testing Qualifications Board（ISTQB）; German Testing Board e.V.（GTB）: ISTQB/GTB Standard glossar der Testbegriffe Version 3.3. German Testing Board e.V.（GTB）, Erlangen, 25. Februar 2020.

[KBA 2020] Kraftfahrt-Bundesamt（KBA）: Feldüberwachung. Kraftfahrt-Bundesamt;https://www.kba.de/DE/Marktueberwachung/Feldueber wachung/feldueberwachung_node.html; Zugriff am 19.04.2020.

[Kindel & Friedrich, 2009] Kindel O, Friedrich M. Softwareentwicklung mit AUTOSAR. Grundlagen, Engineering, Management in der Praxis. dpunkt.verlag, Heidelberg, 2009.

[Kuder, 2008] Kuder H. HIS Source Code Metrics. HIS AK Softwaretest, 2008.

[Linz, 2016] Linz T. Testen in Scrum-Projekten – Leitfaden für Software qualität in der agilen Welt. dpunkt.verlag, Heidelberg, 2016.

[McCabe, 1976] McCabe T J. A Complexity Measure. IEEE Transactions on Software Engineering, Volume SE-2, Issue 4, pp. 308-320, Dec 1976.

[Metz, 2016] Metz P. Automotive SPICE Capability Level 2 und 3 in der Praxis. dpunkt. verlag, Heidelberg, 2016.

[Michailidis, 2012] Michailidis A. Konzepte für eine virtuelle Integration von AUTOSAR-konformer Fahrzeug-Software in frühen Entwicklungs phasen. Shaker Verlag, Aachen, 2012.

[MISRA 2013] Motor Industry Software Reliability Association（MISRA）. MISRA C:2012 Guidelines for the use of the C language in critical systems. UK, Warwickshire, 2013.

[Müller et al., 2016] Müller M, Hörmann K, Dittmann L, Zimmer J. Automotive SPICE in der Praxis – Interpretationshilfe für Anwender und Assessoren. dpunkt.verlag, Heidelberg, 2016.

[Ross, 2014] Ross H L. Funktionale Sicherheit im Automobil: ISO 26262, Systemengineering auf Basis eines Sicherheitslebenszyklus und bewähr ten Managementsystemen. Carl Hanser Verlag, München, 2014.

[SAE 2018] Society of Automotive Engineers（SAE）. J2980 – Considerations for ISO 26262 ASIL Hazard Classification, 2018.

[Sauer et al., 2000] Sauer C, Jeffery D R, Land L, Yetton P. The effectiveness of software development technical reviews: a behaviorally motivated program of research. IEEE Transactions on Software Engineering, Volume 26, Issue 1, pp. 1-14, Jan 2000.

[Sax, 2008] Sax E（Hrsg.）. Automatisiertes Testen Eingebetteter Systeme in der Automobilindustrie. Carl Hanser Verlag, München, 2008.

[Simon et al., 2019] Simon F, Grossmann J, Graf C A, Mottok J, Schneider M A. Basiswissen Sicherheitstests. dpunkt.verlag, Heidelberg, 2019.

[Spillner & Breymann, 2016] Spillner A, Breymann U. Lean Testing für C++-Programmierer. dpunkt.verlag, Heidelberg, 2016.

[Spillner & Linz, 2019] Spillner A, Linz T. Basiswissen Softwaretest – Aus- und Weiterbildung zum Certified Tester Foundation Level nach ISTQB®-Standard. dpunkt.verlag, Heidelberg, 2019.

[Spillner et al., 2014] Spillner A, Roßner T, Winter M, Linz T. Praxis wissen Softwaretest – Testmanagement: Aus- und Weiterbildung zum Certified Tester – Advanced Level nach ISTQB®-Standard. dpunkt.verlag, Heidelberg, 2014.

[VDA 2015] Verband der Automobilindustrie（VDA）: VDA 702 Situations katalog E-Parameter nach ISO 26262-3, V. d. A. e.V., Berlin, 2015.

[VDA 2017] Verband der Automobilindustrie e.V.（VDA）; QMC Working Group 13; Automotive SIG: Automotive SPICE® Process Reference Model; Version 3.1, 2017; http://www.automotivespice.com/fileadmin/software-download/Auto motiveSPICE_PAM_31.pdf; Zugriff am 03.05.2020.

[Winter et al., 2016] Winter M, Roßner T, Brandes C, Götz H. Basiswissen modellbasierter Test. dpunkt.verlag, Heidelberg, 2016.

[ZVEI 2016] ZVEI: Best Practice Guideline – Software Release. ZVEI, Frankfurt am Main, 2016.